清水義和・赤塚麻里・清水杏奴

行動する多面体

―馬場駿吉の輪郭をたどって―

文化書房博文社

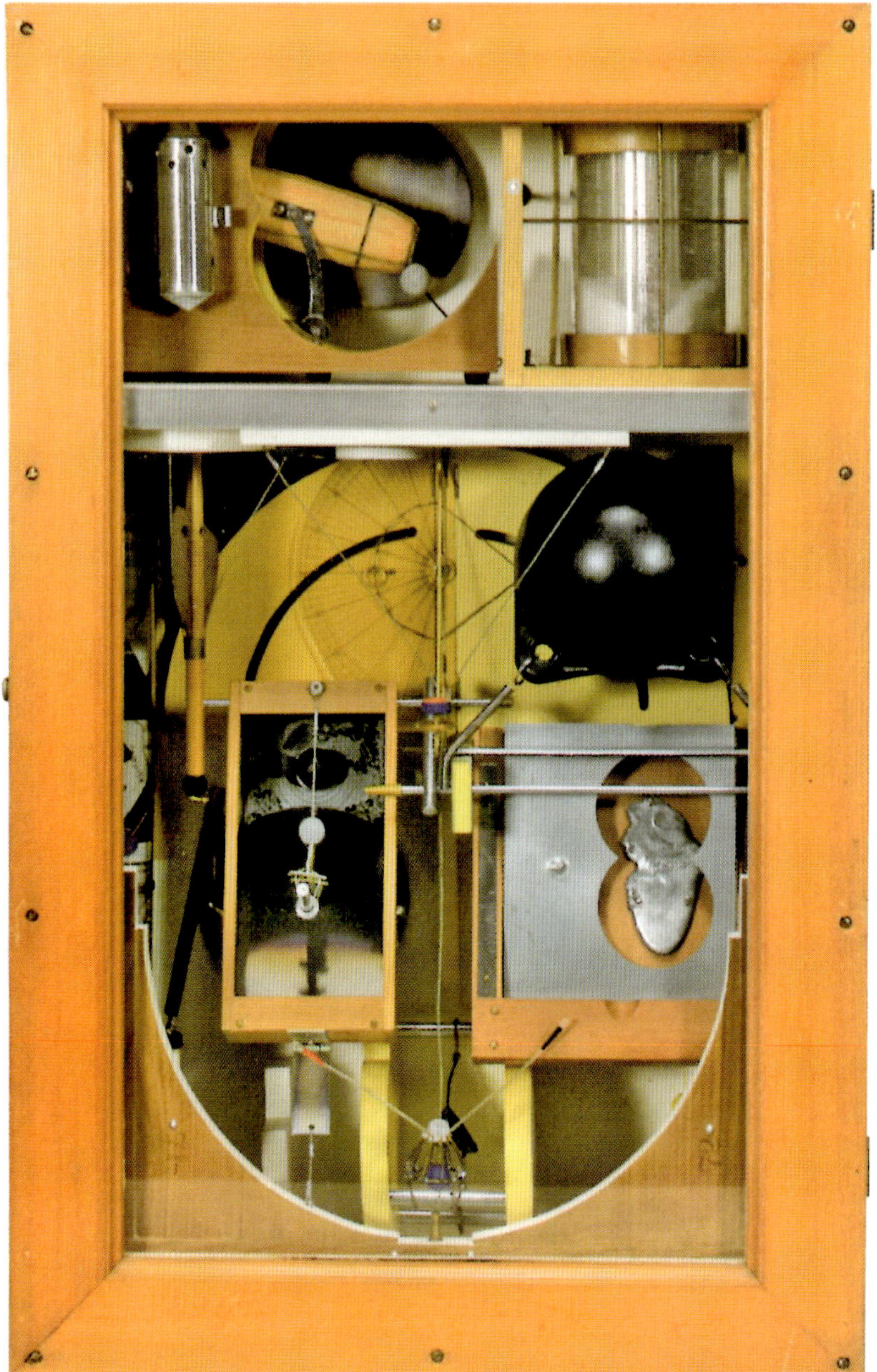

《アララットの船あるいは空の蜜》No.11，1971／1972，オブジェ，68.0×44.2×22.8cm

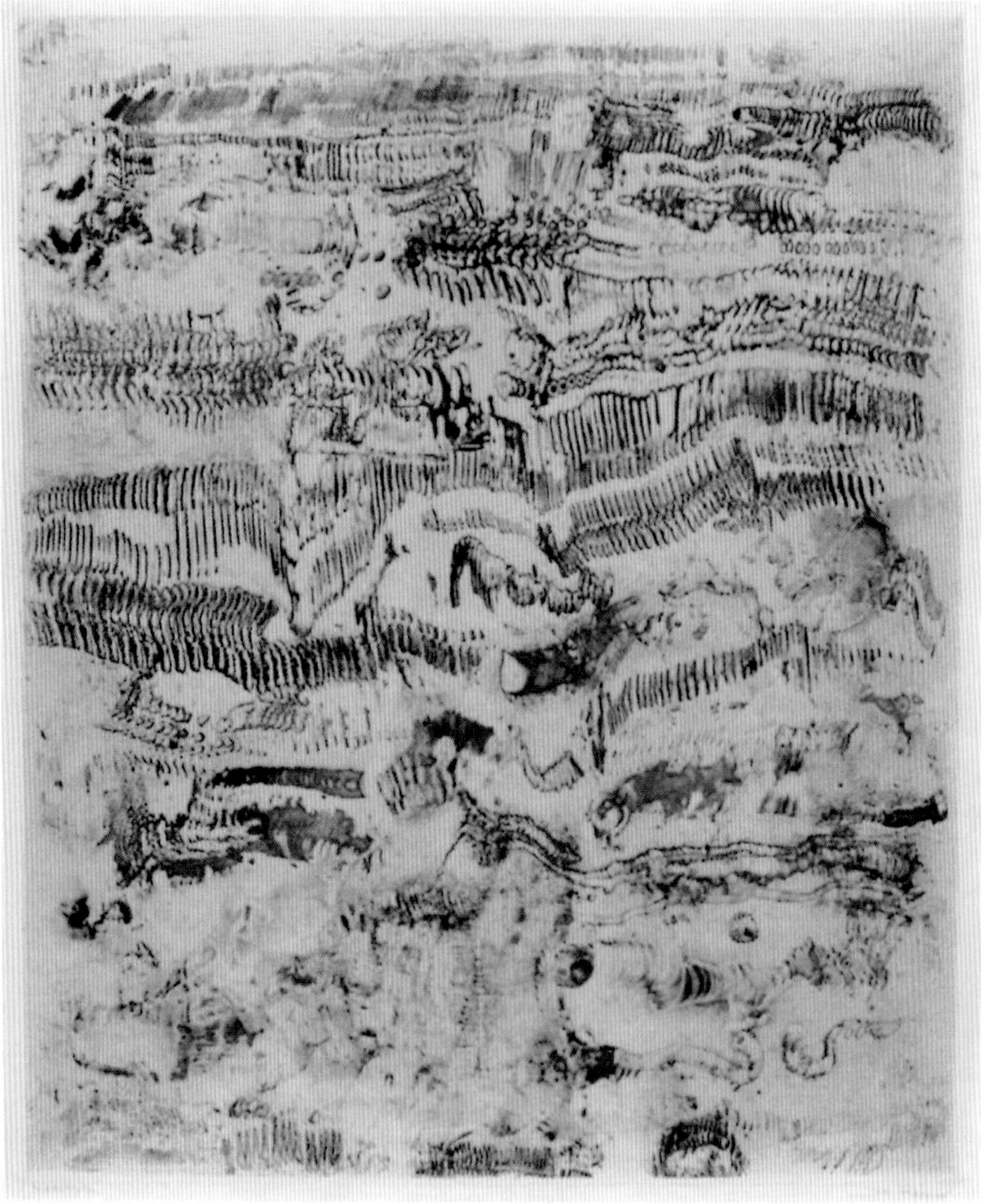

《流れのなかでA》，1960，インタリオ，58.3×48.9cm

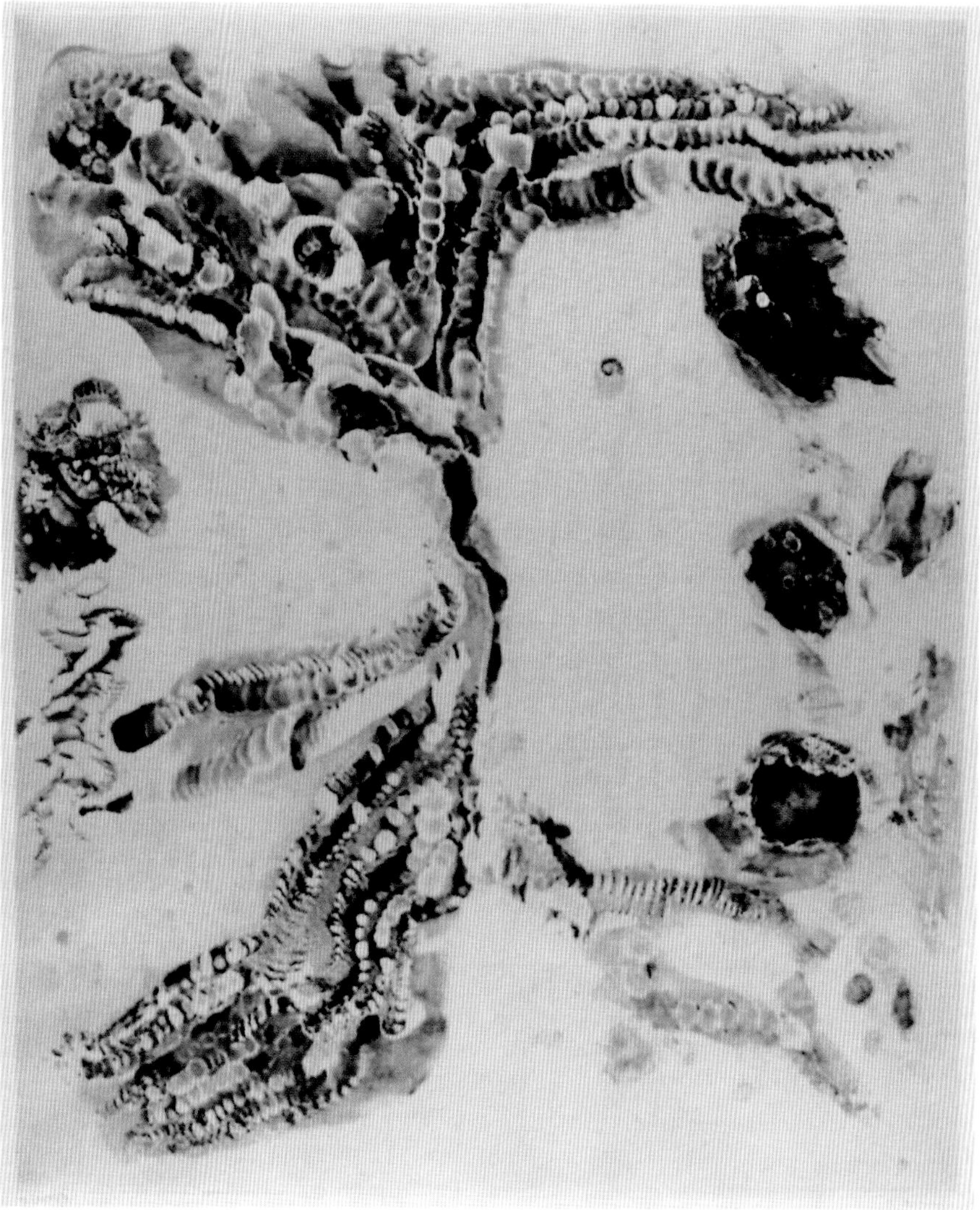

《星・反芻学》，1962，インタリオ，61.0×50.1cm

《右手に海が》XI'／XI，2015，油彩，76.5×57.5／76.5×57.5cm

序文

萩原　朔美

清水義和さんは、何故さまざまな表現者を選出し、分析し続けているのだろうか。

わたしにはこういう情熱がまったくない。第一、人を理解するには、どんな方法が何種類あり、そのうちのどれが、より実態に接近する可能があるのか。それすら全く知らないのだ。

多分、わたしが学者ではなく表現の側の人間だから、同じ志向の人間を論理によって分析する欲望が起こらないことはあるだろう。

しかし、一番の原因は子供の頃の体験だ。わたしの母親は小説家であった。だから、彼女の回りはみんな作家や詩人ばかりなのだ。家に来て飲み明かす大人たちの狂態は、子供の目から見ると恐ろしいモンスターたちだ。ところが、大人になって彼らの作品に出合い、読者になってびっくりした。あのモンスター群は、なんとも繊細で鋭利な観察眼を持ち、それでいて心優しい作品の実作者たちだったのだ。この体験によって、作品と作家は別物という考えかたからいまだに脱却出来ないのである。

清水さんの分析欲には明確な、なにかしらの原因があるに違いない。

自分の好きな作家作品に対するオマージュとして書く。そういう動機もありえるだろう。

あるいは分析することによって作品をまるで自分のもののように所有したい。

または、論文対象にすることで、より作者に接近し併走したい。そういう動機が潜んでいるのかも知れない。

この、馬場駿吉論はまさにオマージュではないだろうか。馬場駿吉という出来事を追い掛け、資料の山を旅日記のように提示する。これでもか、これでもか、と実地検証の軌跡を積み重ねていくセルフ・ドキュメンタリー。

ところが、不思議なことに分析をいくら重ねても、実証検分をいくら繰り返しても、そして仮説を作品といくらダブらせても、最後にとりあえずの結論を提示しても、馬場駿吉という人物はクリアーな浮き彫りにならない。馬場駿吉はこうだ、という確証のようなものが見えてこない。何故なのだろうか。

それこそが馬場駿吉という人物なのだ。高名な耳鼻咽喉科の医師であるとか、六十年代の日本の前衛芸術界の生き字引であるとか、さまざまな表情をもつ人物の出来事が多岐に渡っているので、簡単に定義する言葉の網に引っかかってくれないのである。その苦悩のプロセスがこの清水さんの論考なのである。

もしかすると馬場駿吉という人間を少しでも分析しょうとすると、書けば書くほどどんどん実態から離れて行き、やがて「迷路」に迷い込んでしまう。だから、清水さんは論考のタイトルを「俳人・馬場駿吉の迷路」と付けたのかも知れない。

この迷路感を適切に表す言葉があった。清水さんが論文中に引用している、鍵谷幸信（わたしにとっては、懐かしのモンスターの一人、西脇順三郎の後を控えめに歩いているひとだった）の瀧口修造への文章である。

「ここには詩、オマージュからの言葉の断片的記述、メモまでの混沌とした思考のよぎり、感性を震わせた作家、詩人、美術家、批評家、舞踏家、写真家、音楽家などへ送った秘密文書ともいえるアンチームな言語表出がなされている。」

清水さんは、本書で馬場駿吉さんに対して

「秘密文書ともいえるアンチームな」文章を書いたのである。それは当然オマージュなのだ。

このことを連想させる文が馬場さんの著書「加納光於とともに」の中の発言にある。

「馬場　この間、数学者で宇宙物理学者の佐治晴夫さんのお話を聞いたのですが、ゼロとイチの間の距離をつづめて行って、0・9999……といくらやっても結局イチにならない、ということを話されました。境界面の問題です。（略）つまり、あるものにわれわれが接してもそれを受け止めるときにも、われわれの感覚の中にはそういった割り切れなさがどうしても残ると思うのです。いくら努力してみても、そのものにピタッと完全に同化することはできない。そのわずかな隙間をどうやって埋めるか、ということになりますが、数学の理知的な方向ではどうしても埋まらないのですから、理知的でないもので埋めざるを得ない。」

作品と作者、作品と評論、人物と人物論、あるいは人と言葉でさえ完全に同化しない。そう考えると、全ての作家作品論は隙間を意図的に提示してオマージュに転化させる営為ではないか。そう思えてくる。もちろん、本書もその一つなのである。

目　次

第一章　身体　馬場駿吉による「加納光於の身体論」

清水　義和・赤塚　麻里

1　はじめに

馬場駿吉は、名古屋市立大学名誉教授であり、耳鼻咽喉科学の専門家で、日本耳鼻咽喉科学会の名誉会員でもある。同大学の病院長を二期四年間務め、名古屋ボストン美術館館長に就任、現在は愛知県立芸術大学客員教授を兼任し、加納光於、荒川修作などに関する美術論集を著している。

馬場はレオナルド・ダ・ヴィンチ（一四五二年四月十五日—一五一九年五月二日〈ユリウス暦〉が画家であり科学者であるがゆえに敬愛している。ダ・ヴィンチは『モナ・リザ』や『最後の晩餐』を画いた画家であり、人体を解剖して「解剖図手稿」を著した科学者であった。馬場とダ・ヴィンチの共通点は、二人共、科学者でアーティストであり、ハイブリッドな文化人であることだ。

五百年前、その当時手術や治療方法は現代科学技術に比べてみると未発達だった。今日では、臨床医学は格段に進歩し、同時に、審美的な技術で身体の部位を修復・形成することが可能となり、異分野と思われてきた科学（医学）とアートの間には密接な関係が産まれた。

ダ・ヴィンチの「解剖図手稿」は人体解剖が一般化されていなかった当時では重要な意味を持つもので、今でも、近・現代の肉眼解剖学の基盤の一つとしての評価は高い。

馬場は、『モナ・リザ』と「解剖図手稿」が同一人物の手によって生まれたことに人間追求の幅の広さを実感し、科学者はアートを疎かにしてはならないし、アーティストは科学知識を疎かにしてはならないと一貫して主張してきた。

馬場は自著『加納光於とともに』で、加納がアートに身体性をどのように表現しているかを極めて詳細にわたって明らかにしている。

本稿では、馬場が医学者でもある視点から、加納が造形した作品群を分析してそのコンセプトを解明する。

2　馬場駿吉　ハイブリッドな医学者

馬場駿吉の医学関係の論文や著書の総数は二〇一六年までに、耳鼻咽喉科感染症やアレルギーの専門研究関係の分野で八百本以上にのぼる。

馬場の学位論文のテーマとなったのは慢性副鼻腔炎研究であった。

氏は「慢性副鼻腔炎における嫌気性菌に関する臨床的ならびに実験的研究」の論文で、嫌気性菌が鼻腔周辺の空洞（副鼻腔）に住みついて副鼻腔の炎症を慢性化させる原因の一つとなることを示す臨床研究を詳細に考究している。

また氏は、その研究目的については以下のように論文で述べている。

慢性副鼻腔炎の成因に関しては種々の観点から究明されつつあるが、その発症にかかわる因子の複雑さは、治療の困難にもつながって、現在なお耳鼻咽喉科臨床医の悩みとなっている。（略）副鼻腔はその解剖学的特殊性から酸素分圧の低下が生じやすいことが容易に想像され、嫌気性菌の棲息にも有利な条件を備えていると考えられるが、著者は、本症患者における上顎洞内貯溜液中の嫌気性菌を検索し、その分離菌株について種々検討するとともにPeptococcus anaerobius による家兎慢性副鼻腔炎発症実験を行い、本症発症に嫌気性菌の果たす役割の一端を窺い得たので、ここにその成績を報告する。[1)]

馬場にレオナルドの時代にはまだ不明だった副鼻腔の役割についての通説を尋ねると次のように答を得た。

二足歩行の人間は、身体が頭から地面に直接倒れると脳に衝撃が加わり致命的な損傷を負う。ところが四足歩行の動物と異なって、二足歩行の人類の頭骸骨には多くの空洞が発達している。そのため、人間が転倒した時、頭骸骨に加わった衝撃は副鼻腔がショックアブソーバーとなって交通路のある孔から鼻腔を抜けて外に抜け出る。人間はその空洞のおかげで、頭蓋内の脳への致命傷を避けることが可能になり、死を免れることができる。つまり、人間の身体が進化する過程で頭骸骨に空洞が出来た理由の一つとして上げられている。また音声の共鳴腔としても働いているというのである。

慢性副鼻腔炎の原因となる嫌気性菌はその空洞が棲息するのに格好な場所となり疾患の慢性化の原因になり得ると語る。

ダ・ヴィンチの「頭蓋骨の習作」の存在については数奇な運命があった。鈴木秀子が著したアンドレアス・ヴェサリウスの『人体の構造についての七つの書』（一五四三年、バーゼル、オポリヌス書店刊）によると、以下のようなダ・ヴィンチの「解剖図手稿」に関する解説がある。

ファブリカ刊行の前にすぐれた解剖図を描いた画家として、レオナルド・ダ・ヴィンチが存在する。ファブリカの挿図がレオナルドの剽窃であるといわれたこともあったようだ。だが、実際には、ダ・ヴィンチの解剖手稿は刊行されることなく、長くコレクターなどによって秘蔵されたままであった。ダ・ヴィンチの手稿が広く世に知られるようになったのは二十世紀に入ってからである。ダ・ヴィンチはパヴィア大学の解剖学者マルカントニオ・トーレ（Marcantonio della Torre, 1481-1512）と解剖学の共同研究を行っており、マルカントニオ・トーレがペストによって死亡しなければ、あるいは、ファブリカのような解剖学書が著された可能性も推定されている。ルネッサンスにおいては、ダ・ヴィンチ、ミケランジェロなどをはじめ、画家の側から人間を正確に描くためにその内部（解剖図）を描く試みがなされた。ダ・ヴィンチの解剖図からの直接的影響は証明できないにせよ、ルネッサンス美術においての画法や精神が間接的にファブリカに影響を及ぼしたことは十分ありうる。

マルカントニオ・トーレはペストで死亡したために、解剖の本は百三十数年後の二十世紀になってイギリスでサンダース（J.B. de C.M. Saunders）がオマリー（Charles D. O'Malley）との共著で発表し、頭骸骨に空洞があることが証明された。㊟ 鈴木秀子「アンドレアス・ヴェサリウス『人体の構造についての七つの書』一五四三年、バーゼル、オポリヌス書店刊」参照。[2)]

「解剖図手稿」は、ダ・ヴィンチが存命中に書かれたが、長い間行方不明になっていた。だが、二十世紀になって漸く失われた「解剖図手稿」が発見され、その真価が認められて出版された。ダ・ヴィンチの「解剖図手稿」が長い期間行方不明になっていた時期やその経過に関して様々な説がある。だが、二十世紀は科学の時代であり、電子顕微鏡での臓器画像解析が発達した時代であった。顕微鏡によって、身体の内臓内部の世界が人類の眼に示されて日の眼を見ることとなった。

ダ・ヴィンチは『モナ・リザ』の画家であり、同時に、未知の世界、ミクロに通じる路を示すコンパスを現した『解剖図手稿』の科学者となった。事実、ダ・ヴィンチ自身は『モナ・リザ』の画家であるよりも、『解剖図手稿』を執筆した科学者であることを望んだ。

現代においては、馬場は顕微鏡を使って耳鼻咽喉科学の学術論文を著す医学者である。同時に、氏は、専門的な美術批評家でもある。加納光於は大岡信とのコラボレーション作品《アララットの船あるいは空の蜜》などの人間の身体や宇宙だけでなく、抽象画の世界を現す。

馬場は顕微鏡を使って身体の内部を脅かす細菌を、加納の油彩画『胸壁にて』に重ねて見る。氏は加納以外の画家、駒井哲郎やルドンの作品にも顕微鏡を使って身体の内部を写した映像と見比べながら研究している。

氏は、他のアート作品も、顕微鏡を使って、身体の内部を写す映像を想定しながら双方を比較して研究している。

馬場は、近代芸術の"God of Rain"（１９４７）には顔に筋がはいっていることに注目した。医学の専門医、馬場の視点から見ると、「雨の神」は顔面神経に覆われている状態を表していることになる。"God of Rain"はメキシコのテスケ、コチティ、サンタクララ、ラグナなどサンタフェ近郊の各プエブロで販売されているみやげ品の呼称でもある。氏は、メキシコ・アートの"God of Rain"と顔面の神経脈との関係を次のように叙述から科学的に推論している。

メキシコのテスケ、コチティ、サンタクララ、ラグナなどサンタフェ近郊の各プエブロで販売されているみやげ品の製作は顕著であった。その代表がテスケの"God of Rain"と呼ばれる小さな塑像型土器である。人形には、ベージュの化粧土の上に水彩絵の具や薄めたインクで赤や緑、青の線が引かれている。プエブロの象徴的デザインである雨や水ともデスケの土器の伝統とも関係がない。この人形は最初、中西部キャンディー製造会社の景品としてサンタフェの交易商人から注文されたものであったが、観光客の人気を得て量産されたのである。また、コチティではインディアン以外の人びと―神父、カウボーイ、ビジネスマン、旅行者などを戯画的に表現した塑像型土器が作られた。テスケの土器は速成で耐久性に乏しかったが、サンタクララで作られた壷や燭台、汽車、動物型土器などは小品だがよく研磨されている。みやげ品の製作は、材料、形態、製作方法、質、作り手の人数などプエブロごとに違いが見られた。[3)]

馬場は顕微鏡で顔面神経に覆われている状態を確認できるが、人類が〝God of Rain〟を描いたことに注目した。ダ・ヴィンチは身体の解剖によって、筋肉や骨の機能を研究し、『モナ・リザ』を描いた。ダ・ヴィンチにとって身体解剖と『モナ・リザ』の関係は、氏にとって顕微鏡による身体内部と裸眼による皮膚の表面の関係を思わせた。〝God of Rain〟を描いた二十世紀の芸術家はシュルレアリスムに類似した想像力によって描いた。

3　『加納光於とともに』

馬場は自著『加納光於とともに』（二〇一五）で加納のアート作品と顕微鏡の映像との関係をダ・ヴィンチの「解剖図手稿」を援用しながら詳細に論じている。

今日では、顕微鏡が著しく進歩を遂げたが、その研究の中で、馬場は顕微鏡の映像を駆使して身体の観察を続けてきた。

加納光於はアーティストとしてレオナルド・ダ・ヴィンチの古典アート以後、更に時代を下って、マルセル・デュシャンの近代前衛芸術以後のモダン・アートの新機軸を絶えず更新してきた。加納は『モナ・リザ』のようなリアルな人物画ではなくて、大岡信とのコラボレーション作品《アララットの船あるいは空の蜜》や、顕微鏡によってしか見ることのできない世界、あるいは、荒川修作がマクロ的な宇宙を現す前衛芸術とは逆に、抽象的な物証として人間の裸眼では見えないミクロの世界を幻視した作品として表出し続けている。

ダ・ヴィンチは十六世紀に顕微鏡がなかったのでミクロの内臓をスケッチできなかった。加納はそのミクロの世界を描いている。氏は、アート作品と同時に、文字で自分のアートの世界感を自著『夢のパピルス』と題して著した。

馬場は、ダ・ヴィンチのように身体の様々な部位を解剖してきたが、ダ・ヴィンチの時代にはなかった顕微鏡を使って、グラフや写真を利用して学術論文に著し続けてきた。

馬場は、耳鼻咽喉科学の専門家として学術論文を著すだけでなく、更に、今度は、加納のアートをその作品に沿って、顕微鏡を利用し活用して、ダ・ヴィンチがかつて人間の身体を解剖して図示したように、アーティストの側面からと科学者の眼から観察し、馬場の自著『加納光於とともに』で加納光於のアートを纏めた。

馬場は、俳人で、句画集には自作のアート作品がある。それらのアート作品はダ・ヴィンチの『モナ・リザ』や加納の『胸壁にて』に匹敵する。馬場の句画集には、アンディ・ウォーホルが新機軸を拓いたコラージュの優れた作品が多数ある。その意味で、ダ・ヴィンチがルネッサンス時期にハイブリッドの元祖であったように、馬場は、現代のリアルタイムで、医学、アート、批評、俳句等の異種の分野にまたがって研究するモダンでハイブリッドなサイエンティフィック・アーティストである。

馬場がハイブリッドなサイエンティフィック・アーティストであるのは、ダ・ヴィンチを軸にして身体をライフワークとして研究を展開してきた経歴に基づく。というのは、馬場自身はダ・ヴィンチのように科学者であり、同時に芸術に生涯を捧げてきたアーティストだからである。

馬場は、ダ・ヴィンチのような過去の人だけではなく、同時代人の中にダ・ヴィンチに匹敵するアーティストを探した。なかでも、加納は、生涯、身体をテーマにして描き続けてきたアーティストである。馬場自身も、加納と生涯同じ時代を並走してアートを追及した科学者であり、また専門科医として、同時に美術批評家として身体をライフワークとして研究して生きてきた。

馬場が独創的なのは、瀧口修造の周辺にはアーティストが綺羅星のごとくいて、加納をはじめとして、土方巽、澁澤龍彦、駒井哲郎、武満徹、唐十郎、四谷シモンらと交流をもち、それぞれが、身体と関わる仕事をした有様を観察した。ちょうど、アンディ・ウォーホルのように「ファクトリ」（＝実験工房）でそこで働くアーティストたちと共同作業を通じて共同作品を制作してきたような按配である。中でもアーティストたちのなかにあって特異な存在なのは馬場が耳鼻咽喉科学の科学者であったことだ。馬場が、ダ・ヴィンチの身体解剖と密接なコンセプトをもった加納のアートに特別な関心を懐いてきた。

馬場は銅版画家駒井哲郎との交流を通じて瀧口修造の仲間たちとの交流を深めた。馬場が駒井の小振りな銅版画『束の間の幻影』に深遠な大宇宙を発見した。医学者の馬場が、顕微鏡で人体のミクロの世界を発見したように、駒井の小さな銅版画に閉じ込められたミクロな大宇宙を発見したのである。

馬場は、科学者として身体解剖手術を顕微鏡で人体の世界を観察してきた。そのことによって、馬場は、ダ・ヴィンチの「解剖図手稿」が大宇宙につながる重要な細密画的な縮図であることを突き止めて評価した。ダ・ヴィンチは「解剖図手稿」の他に、建築、飛行機の研究を展開した。

馬場はマクロの大宇宙発見の手掛かりを、ガリレオ・ガリレイの望遠鏡からだけでなく、銅版画家の駒井哲郎が師と仰いでいた銅版画家の長谷川潔も尊敬したオディロン・ルドン（一八四〇―一九一六）の宇宙観を手掛かりにしてマクロの宇宙を版画に切り拓いた。ルドンには、進化論、心理学、狂気や無意識の研究、奇形学、微生物学、天文学、神秘学、文学、宗教など、同時代の旺盛な知的欲求に裏付けられた複合的イメージがある。

馬場は、加納光於の『胸壁にて』を論じるときに、専門の科学と同時に、心理学上のシュルレアリスムの観点からも論じている。

ダ・ヴィンチが描いた「解剖図手稿」のスケッチは裸眼で見える。だが、現代では、裸眼ではなく、顕微鏡によって人工的に拡大し可視化された映像で見る。人工衛星の宇宙飛行士は、ロボットアームを使って宇宙の惑星探査を行っている。馬場は、顕微鏡を使ってミクロの細菌を研究する。馬場は細菌の研究を通して、顕微鏡でミクロの世界を観察しているが、この研究方法は、コンピューターを使ってマクロの宇宙を研究する方法と殆ど同じである。

馬場自身は耳鼻咽喉科医であり、宇宙研究の専門家ではない。むしろ、馬場は、心理学上のシュルレアリスムの観点からマクロの世界を見ている。科学者として馬場は、ダ・ヴィンチの「解剖図手稿」に現代医学の起源を見ている。馬場にはガリレオが天体望遠鏡で宇宙を観察する科学者でもある。それと、馬場は、宇宙科学の起源を専門家が示す論点にとどまらず、ルドンやランボーらが象徴主義によって幻視を眺めたように、加納光於の『胸壁にて』をダ・ヴィンチの「解剖図手稿」と比較しながら、心理学上のシュルレアリスムの観点から科学者としての視点で観察している。

シュルレアリストのアンドレ・ブルトンは医学生時代から、フロイトの心理学に傾倒した科学者でもあった。元来、科学とシュルレアリスムは結びつきがあった。馬場は瀧口修造からシュルレアリストのアンドレ・ブルトンを知った。馬場の考えでは瀧口修造を通してシュルレアリスムと科学とが結びついている。

馬場は、ミクロの世界を見るときはダ・ヴィンチの「解剖図手稿」を参考にするが、マクロの世界を見るときは、ガリレオの天体望遠鏡だけではなくて、ルドンやランボーの象徴主義に幻視者の眼差しをミックスして観察している。

馬場は、加納光於の『胸壁にて』のシュルレアリスムを述べるときに、同時に、加納と大岡信のコラボレーション作品《アララットの船あるいは空の蜜》を思い浮かべながら、ダ・ヴィンチの「解剖図手稿」を念頭において論述している。

ダ・ヴィンチが顕微鏡も持たず、ガリレオも電子望遠鏡を持たなかった時代と比べると、現代の専門的な科学者の知識をもつアーティストとして加納は、昔、ダ・ヴィンチもガリレオも知らなかった深いフォーカスの電子レンズを使ってミクロとマクロの大空間を自在に探査している。だから、加納はダ・ヴィンチが裸眼でしか内壁を眺めなかったことに限界を感じる。いっぽう、馬場は裸眼で見つめるダ・ヴィンチの視点があったうえに、顕微鏡で見つめる馬場本人がいる。言い換えれば、馬場は科学者であり、シュルレアリストでもある。馬場が科学者でアーティストであるように、アントン・チェホフも科学者で劇作家であった。加納がアーティストで科学者の知識をもっているように、ハロルド・ピンターはチェホフの再来と言われナチュラリストの眼とシュルレアリストの眼をもっていた。

ダ・ヴィンチの同時代人が、誰も「解剖図手稿」の価値を知らなかった時代があった。そのように加納のシュールな抽象画には、幻視者の眼にしか映らない画像があり、もし幻視者でなければ、現代人でさえ、加納の『胸壁にて』はただの斑模様にしか見えない。

馬場によって論評された加納作『胸壁にて』の批評は、科学者の眼で捉えた論評であり文科系の批評家には出来ないテクニカル・タームによる論述がある。少なくとも馬場の批評は八百点以上の学術論文執筆経験が裏支えしている。

馬場が観察する細菌は、肉眼ではなく顕微鏡でしか見えない。細菌の存在は、譬えるなら、ダ・ヴィンチの同時代人の誰も「解剖図手稿」が示すスケッチの意味に気づかなかった状況と似ている。加納が描く抽象画は、裸眼ではなく、幻視者の眼にしか映らない画像に満ちている。馬場は科学者であると同時に幻視者でもある。

映像作家の安藤紘平は、静止画では存在しない幻を動画『オー・マイ・マザー』で表した。人間の眼の錯覚による現象であるが、元々、映画は静止画像が一秒間に24コマ早送りされると動画に転換する。加納の『胸壁にて』は静止画でありながら幻視を現出させる。科学者の馬場は、顕微鏡で細菌が動いている状態の姿を見つめ、同時に静止画像として加納の『胸壁にて』も見ている。

馬場は顕微鏡で細菌を捉えた時、幻視者ではなく、科学者であれば誰の眼にも現実の顕微鏡の映像が日常化して見える。そのような時代になった時、加納が描く抽象画は現実のミクロの世界を映していることが見えてきて分かるようになる。

4　静止画と動画

ダ・ヴィンチは人体の解剖を行い、筋肉や骨の仕組みを研究して「解剖図手稿」として纏めた。ダ・ヴィンチの新機軸は、当時の同時代にあってさえ、人間の身体は文字による表記としてしか現されていなかった。だが、ダ・ヴィンチが人体内部を解説文や図解で現した。その「解剖図手稿」はダ・ヴィンチがウィトルウィウスの建築論を基にして制作した。『ウィトルウィウス的人体図』では、リアルな本物の人体の筋肉や骨組を現していなかった。そこでダ・ヴィンチは自ら人間の手で執刀し身体を解剖して身体内部の仕組みを研究した。

馬場は、耳鼻咽喉科学の研究、感染症研究で人体の内部観察を、レオナルド・ダ・ヴィンチが施した解剖方法とは全く異なって現代科学の医療機器である顕微鏡を使って図解した。

ダ・ヴィンチが人体の解剖を行い、筋肉や骨の仕組みを研究して近代科学に新機軸を拓き、顕微鏡がなかった時代に想像ではなく肉眼的な観察によってスケッチや絵画図を残した。

ダ・ヴィンチと馬場の関係で見ていくと、ダ・ヴィンチは人体解剖によって筋肉の動きの仕組みを研究してモナ・リザを描写するときに活かした。解剖図と人物絵画との間には静止画像しかない。だが、フィルムの連続画像のような運動を脳裏に描いてその画像を捉える事が出来る。花が開花する時間のスピードを落として連続的に映したフィルムを超スローモーションで映すとき可視化できる。他方馬場が顕微鏡で見た細菌は、加納の『胸壁にて』に描かれた静止画をフィルムの連続画像のひとコマとしてとらえることが出来る。

馬場は、駒井哲郎の銅版画からインスピレーションを得て、小さな銅版画に宇宙が詰め込まれているのを発見した。馬場は学術研究で、顕微鏡を使い、ミクロの世界を観察し続けてきたが、ミクロの世界を包含する人体と宇宙の関係を科学とアートの両極を見据え相対的に論じわけた。

銅版画は、歴史が浅く、第二次世界大戦後になって急速に発展し、駒井哲郎、加納光於、池田満寿夫らが銅版画を手掛け、馬場が駒井と出会う頃と軌を一にして銅版画は興隆を見た。それは、科学と並走するような形を成した。殊に、加納光於の銅版画は具象画と一線を画す表現で、見る者を拒む孤高の精神がみなぎっている。加納の銅版画は人間や動物や草木ではなく、譬えるなら、細菌の増殖のように見える。

馬場が携わった感染症の細菌研究は、加納のアートに触発されて進んだことと関わりがある。他に、馬場は三木富雄の耳のアートに啓発されて、耳介形成手術を行い約二百人の子供たちに提供した。科学とアートを別々に研究したら、馬場の学術研究はかなり様相が違うものになっていた。特に、馬場は学術研究が八百点以上ある。その数多くの研究の推進力になったのは、医学だけにとどまらず、美術や音楽に啓発されて飛躍的な学術研究をもたらしたのであるが、馬場独りに限ってみても、耳鼻咽喉科学のみを研究していただけでは教条主義に陥ってしまった。馬場にとって、美術や音楽が、耳鼻咽喉科学の研究する上で強力な推進力をもたらす源になったことは確かである。馬場のような事例は、ダ・ヴィンチが、科学と美術と音楽がお互いにもたらす推進力によって文字通りイタリア・ルネッサンスを生みだし、科学だけの発展、美術だけの発展、音楽だけの発展では起こり得なかった文化現象であった。

レオナルド・ダ・ヴィンチが表した『アンギアーリの戦い』の完成図はなく部分とスケッチが数枚残っている。ダ・ヴィンチが描いた『アンギアーリの戦い』は戦争絵画の大作と称される。

ルネッサンスでは、ダ・ヴィンチが表した『アンギアーリの戦い』は等身大の人間同士の戦いの具象画であったが、現代科学の時代では、馬場が、顕微鏡でその姿を捉えた図は、細菌と人間の身体との闘いであり、同時に加納が描いた油彩画として完成した『胸壁にて』に変貌して生まれ変わっている。

アインシュタインが『相対性理論』を一九〇五年に発表した特殊相対性理論と一九一六年に〈一般相対性理論の総称〉を発表した時から、またH・G・ウエルズがSF小説で描いた『宇宙戦争』や『タイムマシーン』が出版された時から数えて百年以上になる。当時、人間が地球上に存在する細菌などの微生物に対する免疫が強かった。だが、その後、細菌が、幾たびも幾たびも、何度も何度も進化し、人間はその都度細菌を撲滅する新薬を開発してきた。馬場は、新しい細菌を退治する新薬を絶えず開発し続けてきた。馬場は研究書『感染症』として一冊の本に纏めている。

映像方面では、映像作家の安藤紘平は3Dが開発される前に、アナログのフィルムに一枚づつ異なる写真を張り付けて映写機で回転させて新映像を生みだした。そのとき、スクリーンに映し出された映像は、それまで、映画に表現されなかった動画の画像が現れた。それから、映画がアナログからデジタルに変わり、3Dの映像『アバター』がスクリーンに映し出されて、それまで、人間の眼に見えなかった映像が、静止画像から動画像になった瞬間に顕れた。安藤は自ら産み出した映像『オー・マイ・マザー』の新機軸について次のように述べている。

テーマは、作家である自分が母親を犯して再び母親の身体から生まれ変わり、また、母親を犯すという永遠のループである。フリーランするエレクトロンは、僕自身の精子だ。フリーランすることでループから抜け出るイメージを期待しても抜け出せない。これこそまさに寺山（修司）さんのモチーフである〝家出〟と〝母への思慕〟のイメージの影響と言うほかない。そこに、ビデオというメディアがフィルムという母なるメディアを犯していくイメージを重層的に表現したかったのである。

母親の象徴としての小暮実千代の写真、ドイツの有名なおかまの娼婦、髭をつけた男装の女の写真が元の素材である。タイトルバックは、ドイツの有名なおかまの娼婦の写真から始まる。パッと見は母親のなりをしているが正体は男のアップの目が刳り抜かれてゆく。このおかまこそ自分と母親の間に生まれた子であり、自分自身であり、ビデオメディアであるわけだが、目が刳り抜かれてゆくのは、ギリシャ神話のオイディプスの話から来ていて、「近親相姦したものの目は刳り抜かれなければならない」から由来している。タイトル終わりに髭をつけた女になるのは、僕の顔をした母親でも良いからである。そして、母親の象徴としての小暮美千代の写真がエレクトロフリーラン効果で動き出すわけである。

技術的には新しいが、まさに寺山（修司）さんの影響が色濃く現れている。ただ、日本で初めてというべきこの電子効果を応用した映像は、逆に、寺山さんの実験的短編映画『蝶服記』『影の映画』などに影響を与えているように思えて、少し嬉しい[4)]。

安藤の実験映画『オー・マイ・マザー』の映像は現実にはなくてスクリーンにしか現れない。馬場の研究する細菌は、顕微鏡によってちょうどアナログからデジタルに変わり、３Ｄの映像が画像に映し出されたように、それまで、人間の眼に見えなかった細菌が画像に映って顕れた。しかし、顕微鏡でとらえた細菌は忽ち進化し更に強力な新型細菌に変貌する。

安藤の映像『オー・マイ・マザー』に現れる画像は、映像の進化と細菌の進化とを見比べると、馬場が顕微鏡で発見する新型の細菌に似ている。

馬場はそれまで見えなかった細菌を駆除する新薬を次々と開発し続けてきた。だが、細菌を駆除できても、次の瞬間、新薬よりももっと強力な細菌が顕れるので、更に、強力な細菌を駆除する、新しい新薬を開発しなければならなかったことを確認してきた。

レオナルド・ダ・ヴィンチが表した人体解剖スケッチは、顕微鏡の写真と比べると劣る。だがその映像はダ・ヴィンチが捉えた人体解剖のスケッチが示す迫真的な力には及ばない。

専門医は、患者に、顕微鏡の写真が映しだしたフィルムを使いながら、結局ダ・ヴィンチと同じように内臓のスケッチをもとにして病巣を説明する。つまり、顕微鏡の写真は、真実の病巣まで映しだせないことがある。だから、専門医は紙にスケッチを書いて病巣を過去の症例を使いながら説明する。たいていの場合、専門医の永年の経験から病巣を分析して病気の原因を推測する。それでも専門医の説明が完璧でないうえに、不十分である場合がある。だから専門医は開腹手術をして裸眼で細菌の存在を見る。

馬場は、ダ・ヴィンチがしたように、解剖図を使って再現図（絵画）をうみだす。そのうえで、馬場は、加納が描いた絵画『胸壁にて』が伝える臨場感と比較しながら解剖室の現場のリアリティーを検証する。

ダ・ヴィンチは、自ら解剖して、図を描き、再現図としてスケッチや絵画や解説書を残した。馬場は、解剖写真と再現図と学術論文によって研究を進めているが、手本にしてきたのは、ダ・ヴィンチの解剖図と再現図の解説書が基本にあった。

馬場は、ダ・ヴィンチがなしえなかった解剖手術の臨場感を俳句にして纏めている。ルドンが書いているように「一粒の種に生命があり、しかもその中には広大な宇宙がある」馬場にとって、一粒の種とは、世界で最も短い詩型の俳句である。

言い換えれば、一服の絵画や銅版画は狭い額の中に無限の宇宙を凝縮して現しているが、同時に、短い詩型の俳句はその宇宙を生みだす種子を現している。

解剖で、写真や論文で表わせなかったキーワードやコンセプトを、俳句にして現す方法を馬場は俳人として身につけた。

ダ・ヴィンチの時代を現代にあてはめてみるなら、顕微鏡の写真が絵画や銅版画に相当し、学術論文のエッセンスは俳句に相当する。馬場の新機軸は、一分野に偏ってきた科学を、ダ・ヴィンチが解剖図やスケッチや絵画で現した方法を現代に委嘱して、更に、ダ・ヴィンチの時代になかった顕微鏡を使って写した写真を応用し、日本独自の短い詩型の俳句を、ちょうど、映画の短い字幕のように応用したことである。

馬場が他の科学者やアーティストと異なる点は、レオナルド・ダ・ヴィンチがルネッサンスの他の科学者やアーティストは異なっていたのと類似性がある。ダ・ヴィンチが科学者だけでなくアーティストであったのは、異分野にまたがるハイブリッド的な啓蒙主義者の元祖であったからだ。同様に、馬場は科学者でありアーティストでもあるのだから、現代のハイブリッド的な啓蒙主義者である。

レオナルド・ダ・ヴィンチは、リュートが上手で弾き語りをして、皆を楽しませた。即興の歌も歌い、「美しい声・歌が上手」な音楽家であった。オリジナルのリラ（リラ・ダ・ブラッチョ）も制作し、スフォルツァ家に献上した。楽器のアイディアや演劇（オペレッタ）の衣装などもスケッチし、グリッサンド・リコーダー、オルガネット、ペーパーオルガン、ヴィオラ・オルガニスタ（ガイゲンヴェルク）という楽器もある。いくつかの楽器は再現され演奏されている。また、「愛は喜びを与えてくれるが、同時に痛みをもたらしてくれる」という曲もスケッチしている。

科学者のダ・ヴィンチが科学や絵画の他に、音楽にも関心があり、楽器を奏するだけでなく自ら歌い、音に興味を懐いていたことが分かる。馬場は耳鼻咽喉科の専門医であるが、耳の聴覚の機能についてばかりでなく、聴覚にもたらす音楽の役割に関心があった。馬場は、耳鼻咽喉科の専門医として学術論文を書き、三木富雄の耳の彫刻作品を見て霊感を受け、実際に耳に障害のある子供のために、人工耳の作成に取り組んだ。

山田泰生は『毎日新聞』で「科学と芸術の間闊歩　名古屋ボストン美術館館長　馬場駿吉さん」（二〇一一年五月十五日）と題して次のように馬場を評価している。

（馬場は）医師としては、耳介形成術の第一人者だった。耳が欠損して生れた人のために、米国医師のトレーニングを受け四百人の耳を再生した。（略）耳をモチーフに彫刻を多数制作した三木富雄さん（故人）の作品は宝物のひとつだ。[5]

既に、アメリカの小都市のハノーバーやボストンなどのカナダ周辺地区で耳復元手術が行われてきた。そのなかには、次のような紹介がある。

ハノーバー、ボストンなどのカナダ周辺地区では耳復元手術が行われている。手術治療は十六世紀以来様々な術式が試みられた。現在の方法は一九五九年にタンザーが発表した肋軟骨を三本使用する方法に元づく。タンザーの方法は肋軟骨で耳介のフレームを作製し側頭部の皮下に埋め込み、数ヶ月後、移植した耳介フレームと皮膚を立たせ、耳介後面と側頭部に植皮する。この後で、耳の穴のくぼみを造る手術をする。タンザーはこの手術を初めは六回に分けて行い、皮膚も体のあちこちから取り、患者にとり負担のある治療だった。だが、形の良い耳介ができると云うことは画期的だった。現在行われている耳復元手術式は全てこのタンザーの方法から発展したものである。[6]

馬場は、彫刻家の三木富雄が制作した「耳」に関心があったが、専門医として「人工耳」を作成した。実際に耳がなくても、耳の内部で音を聴き分ける能力を潜在的に有した障害者の耳を手術して耳の機能を回復させた。馬場の人工耳手術は、レオナルド・ダ・ヴィンチが音楽を歌うだけでなくオリジナルのリラ（リラ・ダ・ブラッチョ）の楽器を制作したことと繋がりがある。

馬場は、人体が宇宙を現すと考えていた。そのコンセプトはレオナルド・ダ・ヴィンチがウィトルウィウスの建築論を基にして制作した『ウィトルウィウス的人体図』に現われている。

顕微鏡で映しだして拡大化し見ることのできる人体の内臓が現すミクロの世界は、巨大なマクロの世界と化した宇宙と関係してくる。

『ウィトルウィウス的人体図』をモデルにして、レオナルド・ダ・ヴィンチは身体に関心を懐き、実際に人体解剖を行い、それまで未知の分野であった筋肉や骨の仕組みや構造を明らかにしていった。

馬場はレオナルド・ダ・ヴィンチが明らかにした身体の仕組みや構造から、ダ・ヴィンチの時代にはなかった顕微鏡を使うだけでなく、ダ・ヴィンチがモデルとした『ウィトルウィウス的人体図』を現代に探し求めてきた。

馬場が加納光於の油彩画『胸壁にて』と顕微鏡で捉えた画像との因果関係や、『アララットの船あるいは空の蜜』にダ・ヴィンチがモデルとした『ウィトルウィウス的人体図』との因果関係を求めている。

加納光於の今はほとんど木工所と化したアトリエ別棟から、一九七一年秋に三十五個の『アララットの船あるいは空の蜜』が巣立つ。それはひとつずつ微妙に異る内部を持ちながら、すべて独立完結した三五個の函である。縦六八〇ミリ、横四四二ミリ、厚さ二二八ミリ。内部には、八月初旬現在、約八〇の材料（木、金属、プラスチック、フィルム、紙、その他）が用いられることが明らかだが、完成したときにはなお別の材料が加わっているかもしれない。実は今も、加納光於の部品集めは続いている。けれども作品は秋にはついに出来上がる。作品の題名は、八月はじめにきまった。作りつつある加納光於は、脳裡に〈方舟〉のイメジがしだいに強くなってきたと語り、その数日後、私の中で〈アララットの船あるいは空の蜜〉という言葉が動かしがたくなった。大洪水ののち、アララット山の中腹に幻の船が漂着し、空の蜜となって薫っている幻像は、少なくとも私には、大部分が加納光於の約一年がかりの作品であるところのこれらの函に、ふさわしく思われるのである。[7]

馬場駿吉が加納光於の油彩画『胸壁にて』に関心を懐いたのは、専門医として加納の『胸壁にて』に顕微鏡を見つめる時に抱く同じ眼差しがあったからである。

馬場は三木富雄の彫刻作品『耳』を鑑賞した時に、生れつき耳がなくて不自由をしている子らに人工耳を作ってあげようという気持ちを懐いた。

殊に馬場が小ぶりの銅版画に強い関心を懐いたのは駒井哲郎の銅版画『束の間の幻影』との出会いに求めることができる。馬場は駒井の小振りな銅版画『束の間の幻影』に広大な宇宙をみた。レオナルド・ダ・ヴィンチがモデルとした『ウィトルウィウス的人体図』は、馬場が駒井の小さな銅版画『束の間の幻影』に広大な宇宙をみたのと軌を一にする。馬場が加納の銅版画に共感したのは描かれた被写体が、ちょうど、顕微鏡で覗く内臓や胸部のミクロの世界を思わせたからである。

加納が描く油彩画『胸壁にて』は、馬場にとってレオナルド・ダ・ヴィンチが素描した人体解剖図や『ウィトルウィウス的人体図』を彷彿とさせたばかりでなく、加納の油彩画や銅版画はダ・ヴィンチの解剖図を発展展開させて遂にはダ・ヴィンチの解剖図にはなかった新機軸を拓いた。

馬場の場合、専門医がアマチュアの芸術批評家として印象批評を書いているのではない。馬場の父も祖父も医者を生業として同時に俳句芸術にも心血を注いだ。だから、馬場の俳句には、執刀医としての手術の現場の生々しい臨場感が読み込まれている。馬場には医者と芸術家の審美眼が働いているので、馬場のアート批評には、医学と芸術の両分野にまたがった視点が絶えず働いている。馬場は第一句集『断面』で次のように詠っている。

廊下冬日学の白衣に兎の血（天龍　昭和三十三年）
解剖いま終りし煙草秋の暮（天龍　昭和三十三年）
不治と診て辞す手袋をはめにけり（背後の扉　昭和三十五年）
人間は血をもつ時計年歩む（途上　昭和三十六年）
手術衣に血痕の群大暑来る（断面　昭和三十七年）[8]

耳鼻咽喉科専門医の馬場が作句した俳句は、緊張した手術と密接に関係している。一連の俳句は、執刀医が、顕微鏡で撮影した写真にコメントやメモ書きや図解したスケッチとの関係に読み替えることができる。但し、馬場の俳句の方は生々しい手術の現場を映し出している。

レオナルド・ダ・ヴィンチの集大成になるはずであった幻の戦争壁画「アンギアーリの戦い」がある。このスケッチはダ・ヴィンチの「解剖図手稿」と密接な関係がある。「アンギアーリの戦い」の一部分が残っているが、戦う人物の躍動する筋肉は「解剖図手稿」と密接に関係がある。

レオナルド・ダ・ヴィンチの幻の戦争壁画「アンギアーリの戦い」と「解剖図手稿」との関係は、馬場の俳句と、緊張した手術とが密接に関係している。

5　馬場駿吉による加納光於論

「レオナルド・ダ・ヴィンチ　幻の戦争画大作　二〇一五年六月二八日放送　再放送九月六日よる」の中で次のような解説がある。[9]

出演　樺山紘一さん（歴史学者　印刷博物館館長）アレッサンドロ・ヴェッツォージさん（レオナルド・ダ・ヴィンチ理想博物館館長）ジョヴァンニ・チプリアーニさん（フィレンツェ大学歴史学教授）等去年の春、一枚の絵を見るために世界中から多くの研究者たちが、フィレンツェに集まりました。その絵とは、レオナルド・ダ・ヴィンチの幻の戦争壁画の大作、その下絵と考えられる油彩画でした。その作品は「タヴォラ・ドーリア」（ドーリア家の板絵）と呼ばれ、十六世紀初頭に描かれた戦士たちの戦いの図といわれています。レオナルドが壁画に取り組んだのは、「モナ・リザ」と同じ円熟期。描かれているのは、フィレンツェが宿敵ミラノを破った「アンギアーリの戦い」です。当時のフィレンツェ政庁舎であったヴェッキオ宮殿の大会議室の壁を飾るはずでした。しかもその横には、ミケランジェロが別の戦争画を描くことにもなっていました。二人の対決は、話題を呼び、〝世界の学校〟とまで言われます。果たして、レオナルドは、どのような絵を描こうとしたのでしょうか。下絵や素描、レオナルドが書き残した手稿を基に、絵の謎に迫ります。さらに好奇心と探究心が人一倍強い天才レオナルドは、壁画の製作に取り組みながら、その一方で人体解剖や治水事業などにも挑んでいました。実はそうしたさまざまな科学的な研究は、ダイナミックでリアルな絵画表現を実現するために欠くべからざることでもあったのです。情熱をかけ新たな表現に挑んだ戦争画の大作、なぜ完成しなかったのか、そして原因はどこにあったのか。しかし後世の画家たちは、下絵から何かを学ぶために、たくさんの模写を残しています。その魅力はどこにあったのでしょうか。レオナルド・ダ・ヴィンチの集大成になるはずであった幻の戦争壁画「アンギアーリの戦い」。今もなお、人々を引きつけるその魅力のすべてに迫ります。

馬場が『加納光於とともに』で、論じていることは、化学反応が惹き起す状況は、科学者にとっては、その結果を分析することであろう。そして、アーティストにとっては、その結果は、心に拡がる波動であろうと述べている。馬場は、科学者で、アーティストである。他方、加納は専門家も驚くほど科学の知識があり、幻視的な現象をとらえるアーティストである。

『Ｐｏｅｔｉｃａ』臨時増刊所収の対談「揺らめく色の穂先に」の中で、加納と馬場が交わす対話の中で、加納は馬場に化学反応について次のような質問をしている。

加納　『版画の技法』（今順三）簡単な手引書でしたが、特に銅版に興味をもって実際にはじめてみると、硝酸を使って金属の表面を腐食させる、そちらの方に、版の先にある絵よりも強く興味をもった。

馬場　加納さんが版画に入られる前、鉱物とか植物、化学実験などに関心をもたれた少年時代があったとうかがったことがありますが、版そのものが変化するという化学反応みたいなものへの興味が、物をつくることへの興味と重なったということなんでしょうか。

加納　「強い水」と言われる硝酸に金属の表面を浸し、腐食させるという行為。[10)]

銅版画では腐食作用を行うが、加納の場合、この腐食作用と自分自身の病気体験との関係をパラレルにみていた。馬場は銅版画の腐食作用で自覚症状がないままに皮膚を犯され舌癌で亡くなった駒井の銅版画の制作現場に立ち会っていた。加納は銅版画家として硝酸が金属を腐食させる化学変化に関心があり、馬場は専門医として化学変化を見つめていた。

馬場は、専門医として、絵画の批評家として、俳人として、三つの視点から、硝酸が金属の表面を浸し、腐食させる化学変化を凝視していた。馬場はハイブリッドな感覚で加納の作品に現れた身体性を次のように指摘する。

馬場　ぼくは加納さんの作品の中に身体性を感じるんです。すべてのものは静止することはできず、生命も生れてから死ぬまで、寸時も同じ状態ではなくて、揺れ動いている。ぼくは職業的に医学をやっていますけれども、加納さんの作品には、生体内の解剖学的な構造とか、生理学的な肉体の中の動きとかを想起させるところがあります。あるイメージは、ぼくには筋肉の模様に見えるし、あるときは、血管の脈動みたいなものが画面に現れる。個人的で気ままな幻視にすぎないのでしょうが、体の中で生き生きと今おこっている、あるいは消えていく動きが、加納さんの作品から必ずぼくには感じ取れるのです。(20)

加納が油彩画や銅版画に表した表現は、馬場にとって、手術中に、専門医が眼にする刻一刻と変わる現象を人体解剖で表された筋肉や脈動に見ることだった。加納の絵の色彩は馬場にとって顕微鏡で見るのと同じ状況にみえた。「生あるものは死ぬ」という視点で見つめる版画家である加納の眼差しと、医師としての馬場の眼差しがクロスする場面である。

加納は自らの病気と戦った体験から、また馬場は駒井哲郎の舌癌を見知った体験から銅版画の同じ腐食作用を見つめている。

馬場は、マドリッドで開催された世界耳鼻咽喉科学会で、美術の加納、音楽の武満と、自らの医師の視点とで医学映画を制作し国際科学技術映画祭で上映し銅メダルの受賞を得た。

世界耳鼻咽喉科学会がマドリッドで開催された折、併催された国際科学技術映画祭に、医学映画を制作、出品したんですが、そのタイトルバックに加納さんの作品を使わせていただいた。音楽は武満徹さん、大変ぜいたくなこの映画はお陰様で多くの応募フィルムの中から銅メダルを受賞しました。[11]

馬場は、世界耳鼻咽喉科学会で、自らの専門耳鼻咽喉科学と加納の美術と武満徹の音楽とのコラボレーションによって映画を制作した。加納がレオナルド・ダ・ヴィンチの科学や美術に傾倒して影響を受けて銅版画・油彩画を画いた。武満徹はルドンの『夢の中で』に触発されて、音楽『閉じた眼』を作曲した。

加納光於は、東京国際版画ビエンナーレに第三回展（一九六二年）で、亜鉛版を腐食させたモノクロームのインタリオ《星・反芻学》を出品し国立美術館賞を受賞した。

武満徹は一九六七年ニューヨーク・フィルハーモニック創立一二五周年記念に委嘱し、尺八、琵琶、オーケストラのための《ノヴェンバー・ステップス》を、小澤征爾が指揮し同オーケストラによって、ニューヨークで初演された。

加納と武満と馬場とが国際的な医学映画を制作、上映してマドリードの国際科学技術映画祭で銅メダルを受賞した功績は大きい。

医学者の馬場とアーティストの加納は、レオナルド・ダ・ヴィンチの業績を科学分野からそれぞれの視点で捉えている。

馬場　レオナルド・ダ・ヴィンチも、そういうところを透視する能力と表現力があったとぼくは思うんです。

加納　ただ、レオナルドは有効性を信じていたけれど、今は、無効性に対する何かを考えなければならない時代じゃないかという気がする。(33)

馬場は、加納との対談で、耳鼻咽喉科の専門医であり、また科学者としての視点から身体の内臓の機能について次のように解説している。

馬場　生体の内臓器官の働きを無意識的に調節する自律神経には、交感神経と副交感神経の二通りあって、対立的な作用をしているのですが、その他にもホルモンなどが、調整役を果たしています。先入観として二つの対立したものだけを考えていては、真実を見失うことがあるという気がします。(34)

馬場は科学者の視点で解釈するが、特に、レオナルド・ダ・ヴィンチについてあくまでも科学者の視点で加納に次のように説明する。

馬場　レオナルド・ダ・ヴィンチにも、人体が円に内接している作品がありますね。レオナルドの時代から、円というのは人間を包み込む思考のマトリックスであるという捉え方がつづいているのかもしれませんね。(35)

医学者でアーティストである馬場は専門医の視点でアートを論じている。アーティストの加納にとっては医学の専門分野は未分野の世界である。また、馬場には実作者である加納のアートの専門分野は未分野の世界である。馬場には「加納光於論」としてまとめた批評が幾つかあり、自身、科学者として歌った俳句があって、ハイブリッド的な感覚(異種混合)から、医学とアートと文学を複合的に観察している。

馬場は「『加納光於「骨ノ鏡」あるいは色彩のミラージュ』展覚書き」で加納の絵画についてレオナルド・ダ・ヴィンチの『最後の晩餐』との関連から次のように語った。

加納さんは、美しい青の画面を指さしながら、レオナルド・ダ・ヴィンチの『最後の晩餐』のヨハネとマタイの衣裳もこういう風に描かれていたという。勿論『最後の晩餐』はレオナルドの生前から落剥して、この絵のような感じにはなっていないが、本来は、この絵のように下地に暗黒ではないが、暗い色をおき、その上に明るいブルーをおくことで色彩のふくらみを獲得したのであると続ける。レオナルドの手記の中の言葉、「青空の底に暗黒がある」を引用し、その言葉をレオナルドはヨハネやマタイの衣裳のなかに再現したのである、と語った時には驚きのどよめきが起こった。自らの色彩の秘密を語ったのちに、この『鱗片のセミオティク』の色彩は、「レオナルドのおかげで出てきた色」であるとこの作品の解説を締めくくった。明晰で、説得力のある解説は友の会の会員たちを、この後も魅了し続けた。一抹の不安は杞憂に終わったのである。[12)]

レオナルド・ダ・ヴィンチが身体を観察する目に関して、加納光於の場合と馬場の場合とでは視点が異なる。加納はダ・ヴィンチにないものを探し、馬場はダ・ヴィンチについて、これまでの歴史上評価されないままで見落とされてきた業績の再評価・再発見を目指す。加納はアーティストであり、馬場は科学者であるからである。

馬場は加納光於個展《胸壁にて》―（アキラ　イケダ　ギャラリー、一九八〇年十一月一―二八日）の中で、《胸壁にて》について次のように論じている。

「胸壁」という言葉は、心臓を包む胸部の前壁の意をもつほか、敵の銃弾を避けるために胸の高さまで堆土を意味する語である。(38)

馬場は加納の油彩《胸壁にて》に描かれている「胸壁」が身体を指すことを認め、同時に、「胸壁」が銃弾を避ける堆土だとも説明している。

氏は「想像力の海へ乗り出す船―加納光於のオブジェ」の中で加納と武満徹とのコラボレーションについて以下のように述べている。

加納は作曲家武満徹からLPジャケットの挿画を依頼され、この《プラネット・ボックス》二点の図版をそれに当てたい旨を告げたところ、武満も大いに歓迎したとのことである。高橋悠治ピアノの演奏。(43)

画家、加納や作曲家、武満徹と馬場とのコラボレーションがあるが、加納と武満徹は、ピアノ演奏者で作曲家でもある高橋悠治とのコラボレーションを実現した。
馬場は「「葡萄弾」に射貫かれて—加納光於のオブジェ展」で、ダ・ヴィンチと加納のアートの関係について次のように述べている。

レオナルドを想起させるほどの凄みが漂う。加納光於は、まさに端倪すべからざる作家である。(48)

馬場は、加納光於のオブジェ「「葡萄弾」に射貫かれて」が、ダ・ヴィンチの考える身体を想起させると述べている。氏は「世界をからめとるものとしての色彩」の中で、加納のアートについて次のように論じている。

このような局面に見られる加納光於の物象への立ち向かい方は、科学者のそれと共通するものがあり、その意味でも彼の仕事の原点は極めて現実的なものであることがわかろう。(56)

馬場は、加納の作品から受けたイメージが、身体と密接なつながりがあると指摘している。

われわれのからだの内部に騒立つ血管樹林。地殻の裂け目から噴出する溶岩流。絶壁のように立ち上がる津波と、その高さからなだれ落ちる水塊—そのようなものがもちろん画面の中に描かれているのではない。ただ色彩の器としてたまたまそれを思わせるエクトプラズマが私の眼だけに顕ち現われているにすぎないのであろう。しかし、そのようなイメージが私に霊媒されるのは、やはり加納光於の手にする色彩に根源的な身体性が備わっているからなのに違いない。(57)

馬場は加納との対談「ことばの粒子に添って」の中で身体について語り、加納は次のように論じている。

加納　身体性というものを視点とした場合も、いろいろな拡がりの中に成り立つものが見えて来ると思うのです。先程言った、赤なら赤という色に対しても、血液であったり、炎であったり、生命感覚を緊張に火照らせる、否応なく古代から人の中にあった照応のしかたがあるわけで、ただそのような答えるという方法のものだけでなしに、同時代を超えた新しい意味を求めてつねに問いなおされなくてはならないと思うのですね。(73)

加納は「身体性を考えてアートを構築している」と自身で述べている。これは、馬場が医学専門の日常の眼差しと通底する概念である。

馬場は、「加納光於—翼あるいは熱狂の色彩」の中で色彩の動力学を感じ加納のアートを論じている。

加納光於は、さらに色彩の動力学に傾斜を深めてゆくが、一方ではその頃から次第に函のかたちをとるオブジェの制作にも力を入れはじめる。(96)

馬場は、加納の『葡萄弾—偏在方位について』について、アートが、ダ・ヴィンチの額から遊星が噴出していると次のように述べている。

葡萄弾に狙撃されたレオナルド・ダ・ヴィンチの額からは遊星が噴出、飛散し、甘美な仮死の空間を微分する。(97)

馬場は、「色彩の凝縮と結晶化」に収められた「新作版画シリーズは《「波動説」—インタリオをめぐって一九八四年

—一九八五年未だ視ぬ波頭よ：Colors Intaglio》のなかで、加納のアートに宇宙的なブラックホールを認めて次のように論じている。

加納は沸き立つ色彩のエネルギーをやがて吸い上げるブラックホールの存在をも彼方に見てとったのであろう。（104）

馬場が論じる「ブラックホール」は、科学者の口から発せられた加納のアートについて顕微鏡で覗いた時の感覚を念頭に次のように論じている。

ことに三三点中にブラックホールのように口をあけるモノクロームの一点《No．11》やその深部から組織片を削りとり、顕微鏡下に置いた時のような妖しい美しさに満ちている。（105）

馬場は科学者として、「加納光於《強い水》—あるいは反転するベクトル」の中で、「強い水」は銅版画を生みだす美であり恐ろしい力であると述べている。

「強い水」とはフランス語のオー・フォルトの訳語で、銅版に作用させる硝酸のことを指し、転じて銅版画そのものを意味する語。（124）

馬場は「現在進行形の変容願望—加納光於モノタイプ展」の中で、生物の脱皮を加納の絵の中に認めて次のように纏めている。

加納のノートによれば、（略）phyllosomaは、phyllo-＝葉、soma＝体細胞の合成語であって、葉状の細胞を意味するのだが、実際には生物学用語であり、透き徹った微小な伊勢エビの幼生の一段階を指す名称だという。ちなみに、卵生期から伊勢エビという終着形に到着するまで三十回も脱皮を繰り返して姿を変えてゆくことが確認されている。（125）

馬場は「密封された詩集の命運―《アララットの船あるいは空の蜜》をめぐって」の中で、加納作品の身体性とダ・ヴィンチの人体解剖図とを重ね合わせて論じている。加納のオブジェは、いっしゅ、レオナルド・ダ・ヴィンチの人体解剖図を思わせる。とは言え、各臓器は既生物に象徴され函という密閉空間に加納独自の配置がなされている。それでもなおかつ人体を想保される。馬場は、《アララットの船あるいは空の蜜》について次のように身体と宇宙の関係を論じる。

《アララットの船》という函型のオブジェが人体の宇宙モデルを想い起させるのも、これらの封じ込められた大岡信の詩句がエロスとタナトスとが通じ合う現象を物質化し、内在化させているからだろう。（132―133）

馬場は「加納光於初期版画再照―色彩の根源としての黒」の中の「四《星・反芻学》とその周辺（一九六二―六三年）」で、加納の作品が呼び起こす幻視について以下のように纏めている。

古代猛禽類の抜け羽や骨の集積―それを素材とする風車?・扇?・鏡?・簾?・宇宙に残る星雲の痕跡?・様々な隕石?・海底火山の軽咳?・三葉虫の化石?・位相差顕微鏡下で活動する血球?・粘膜組織細胞?・電子顕微鏡下で活動する血球?・粘膜組織細

胞?電子顕微鏡下のウィルスの姿?など、アナロジーの旅は考古学、天文学、地質学、生物学など様々な領域を横断しながらつづく。(146)

右記の引用文は、「天文学と生物学のイメージが、あらかじめ意図されることもなく出会う場であることを暗に指し示している」と説き、馬場と加納の科学と芸術が繋がる契機となる所である。

馬場は「色彩」の中で、内視鏡が映しだす色彩について、感情を抑えて、坦々と語って見せる。

馬場　現実に、この頃では私たちは内視鏡というものを使って体内の闇に光を当てるということをします。光さえ当てれば粘膜の色も血液の色も色彩を伴って見えてくる。色彩が中に閉じ込めている闇です。(155)

馬場のいう体内の闇とは、宇宙の闇でもあると読み替えられる。その場合、人間の身体は宇宙を詰め込んだミクロの世界だとも言える。

6　まとめ

耳鼻咽喉科の専門医、馬場の医学とアートが一体化したハイブリッド人生を考えるとき、ほぼ、同時代を並走して生きた加納光於のアートをライフワークとして考えなくてはならない。加納は馬場ほど専門的な医学の技術や知識はなかったかもしれない。だが、加納の幻視者としてのヴィジョンは、科学者、馬場には啓示的な部分であり、だから、馬場は加納の幻視者としてのアートに生涯惹かれてきた。つまり、加納と馬場はアートと医学が分けがたく繋がった共同体的な宇宙であるのだ。

馬場が加納のアートを分析する方法は、馬場が顕微鏡で身体各部位を研究した方法を応用し、加納の銅版画や油彩に当て嵌めて批評しているところに特徴がある。

科学とアートは互いに重なるところは少なくみえる。けれども、馬場は科学とアートを長年並行して研究してきた。馬場の例は、ダ・ヴィンチが絵画と解剖を生涯並列させて研究して方法と類似している。ダ・ヴィンチは身体の内部の筋肉や骨の機能を解剖によって研究していた。馬場は、身体の内部を顕微鏡で分析して、そのメカニズムを、生涯の知人、加納光於の銅版画、油彩画に重ねてみてきた。馬場の眼は、ダ・ヴィンチの眼差しと共通している。ダ・ヴィンチは科学者でありアーティストであった。同じように、馬場は科学者でありアーティストである。

注

1）馬場駿吉「慢性副鼻腔炎における嫌気性菌に関する臨床的ならびに実験的研究」（名市大医誌、二十巻四号、一九七〇）、800―801頁参照。鈴木祥一郎、上野一恵『嫌気性菌』（第二版）小酒井望編―日常検査法シリーズ8（医学書院、一九七八）参照。

2）Cf. www.lib.meiji.ac.jp/about/publication/.../suzukiA01.pdf 2015/05/06

3）www.rikkyo.ac.jp/research/laboratory/IAS/.../iiyama.pdf 2015/05/06

4）安藤紘平「映画と私と寺山修司〝最近、なぜか、寺山修司〟」（『寺山修司　海外ヴィジュアルアーツ』（文化書房博文社、二〇一一）、5頁。

5）山田泰生「科学と芸術の間闊歩　名古屋ボストン美術館館長　馬場駿吉さん」（『毎日新聞』二〇一一年五月十五日）21頁。

6）Cf. www.aichi-med-u.ac.jp/keiseigeka/syojisyo.html 2015/05/06

7）大岡信「『アララットの船あるいは空の蜜』由来記」『KANO mitsuo 1960-1992　加納光於』小澤書店、一九八二）100頁。

8）馬場駿吉句集『断面』（昭森社、一九六四）48頁、68頁、１１１頁、１６６頁、１９３頁参照。
9）「レオナルド・ダ・ヴィンチ　幻の戦争画大作」二〇一五年六月二十八日放送　再放送：九月六日よる www.nhk.or.jp/nichibi/weekly/2015/0628/2015/05/06
10）揺らめく色の穂先に　一九九二（Poetica 臨時増刊　小沢書店一九八九）、13頁。以下同書からの引用は頁数のみ記す。
11）馬場駿吉『加納光於とともに』（書肆山田、二〇一五）、32頁。以下同書からの引用は頁数のみ記す。
12）『加納光於「骨ノ鏡」あるいは色彩のミラージュ』展覚書き」（愛知県美術館［愛知芸術文化センター10階］）

第二章　味覚　ハイブリッドな耳鼻咽喉科医　馬場駿吉
——映像メディア論

清水　義和

1　はじめに

ハイブリッドとは異種の分野を組み合わせたものを指す言葉であり、行為ではなくてものを指す語である。馬場駿吉は、俳人で、耳鼻咽喉科の専門医で、名古屋ボストン美術館の館長でもあり、その意味で、馬場はまさしくハイブリッドな俳人である。馬場は「ハイブリッド人生のすすめ」の講演要旨の中で以下のように綴っている。

人生この道一筋に精進することが美徳とされ、その専門性の徹底こそが大きな成果を生む道である。というのが、世間一般の考え方。もちろん、それが大切なことは確かだが、一方、その方向に狂いが生じた場合の怖さもある。現代は極めて多様な思考と現象にあふれ、世界を認識するためには一領域にとどまらず、複眼的、多角的な透視力が必要となる。

文学に憧れつつ医学の世界に入り、美術、舞台美術、音楽などにも関心を注いできたハイブリッドな人生をふり返り、その効用についてお話しさせていただきたい。[1)]

馬場は、一九三二年（昭和七年）に生れ、俳句、医学、美術、舞台美術、音楽の多岐にわたって業績を重ねてきた。第二次世界大戦中、氏の家族は戦火を避け、古来の父祖の地愛知県一宮市北方町宝江（当時は葉栗郡北方村）に疎開した。戦後閑静な田園風景の中で、父が叔父と相談して句会を始めた。戦中戦後の名古屋市内や都市周辺と異なり比較的食糧事情がよかった。句会後の食事が喜ばれたことを覚えている。

馬場は、中学三年生頃から俳句を始め、高校では文芸部に属した。高校二年生のとき『螢雪時代』の一九四九年10月号に投稿した俳句が一席に選ばれ掲載された。

袋掛けしつつ活字にふと見いる[2)]

馬場が作句した上記の「俳句」に対して、加藤楸邨が選後評した一文が「読者文芸」欄の「俳句加藤楸邨の選後評」に載った。

馬場駿吉君の句は自分の生活の一断面を鋭く把握しているよい作である。袋掛というのは果樹を栽培するとき実に虫がつかないように紙袋を掛ける作業であるがその袋は古新聞や雑誌を貼って製したものである。懸命に袋を掛けしている目にふとその活字が入ってくる何が書いてあるのだろうとしばらく見入るというので自分の生活を詩として生かしてゆく素直な眼は尊いものである。[3)]

この俳句は教科書にも掲載されることになった。馬場の母方の祖父、そして父も耳鼻咽喉科の専門医であったが、馬場は同じ道をとりつつ、文学にも強くひかれた。日本では、森鴎外や齋藤茂吉が医師で文学者でもあり、海外ではアントン・チェホフやハンス・カロッサがそうだ。また、俳人では高野素十や水原秋櫻子なども医師だった。

馬場はよく「医学が俳句の美的感覚とつながる側面がある」と語る。他にも、氏は「先端医療ヘルスケアセミナーの「～いつまでも健康に～」に於いて第二回「もっと見えたい、聞こえたい」で「医学と芸術のあいだ」と題して講演を行い以下のように纏めた。

医学と芸術の両領域は、健康な身体の美しさ、病苦を負った身体のいとおしさに心を動かされ、手を差し伸べようとする人間の本性に共通の根を持つ、と言えないだろうか。

近年、健康を考える時、人の身体をめぐる環境（＝自然をも含める）という視点が重視されて来ているが、今述べた考え方を私たちの身体のみならず、自然界に存在するすべてのものに拡げてみても、矛盾が生じてくることはない。

このような両領域の流れは、古代ギリシャ時代から見られるものだが、人間の存在を高らかに謳歌することになったルネッサンス期に一気に勢いを増し、接近・交叉したと言える。レオナルド・ダ・ヴィンチ（Leonardo da Vinci, 1452-1519）は世界や宇宙の象徴としての身体の内部構造を熟知するために、人体の解剖を自分の手で体験し、その記録を手稿として残した。しかし、不幸にして解剖学書として出版されることがなかったので、彼が記載した副鼻腔などに関する業績は永く一般に知られざる存在だったというエピソードも伝えられている。

近代・現代に至ると、美術における表現も身体全体の形やバランスばかりではなく、一定の部分へのこだわりや、機能を含めた存在として捉えようという方向へと進み、また、視覚のみでなく、聴覚や平衡感覚なども多元的に刺激して、新しい空間的な芸術体験をもたらすような作品も生み出されつつある。

従って、多くの感覚器官や口腔、上気道、食道などの他、表情なども取り扱う耳鼻咽喉科域は美術表現のモデルとなるばかりではなく、芸術作品を感受する場としても重要な位置を占めていると言える。[4)]

馬場は、右記の批評で「耳鼻咽喉科学は感覚機能とつながりがあり、視覚、平衡感覚、嗅覚、味覚には直接中枢神経が関係してくる」と述べている。殊に、耳鼻咽喉科学は、音声語機能とも直接関係がある。つまり、聴覚は記憶をつかさどる海馬と密接に繋がっており、その音声を聞き取った記憶が発語機能の獲得を促し、言語に関する脳中枢の発達に寄与することになったと推定されている。人類の祖先、ネアンデルタール人は発音に関係する喉頭咽頭が、ホモサピエンスと比べて短かった為に言語機能が未発達になり著しく言語習得機能が劣り、文明進化の過程で絶滅の一因になったといわれる。[5]

人類には、生体防御機能があり、それが外界の接点としての機能を果たしてきた。このように、言語機能は、耳と海馬と口腔や喉頭との結びつきは欠かせないが、それ以外に数多くの機能との連携によって、言葉は機能し俳句を作句する際においても関連しているのである。

馬場を耳鼻咽喉科医と俳人との関係から見て行くと、氏が芸術にも深い関心を持つハイブリッドな俳人として目覚めた一因にレオナルド・ダ・ヴィンチの解剖図との出会いに求めてよいだろう。ダ・ヴィンチは絵描きであると同時に科学者でもあることを望んだ。それに憧れたにちがいない。

2 ハイブリットな感覚

馬場は作句するときにも、ハイブリットな感覚によって、花鳥風月を詠むだけの俳句ではなく、様々な領域の芸術や現代医学の影を読みとらせようとする意図で作句をしてきた。だが、その過程で氏は俳句に対して一時期迷いがあった。一九四六年当時、桑原武夫の「第二芸術―現代俳句について―」が雑誌「世界」に発表された。[6] 馬場は桑原の論旨を以下のように纏めている。

俳句は極めて断片的なもので西洋の小説のように社会、思想、宗教など広く切り込むような器ではない。

狭い人間関係の中で自己満足的に理解されるにすぎない。
外国語に翻訳することが困難である。
俳句をあえて芸術のなかに入れるならば第二芸術というべきだろう。

馬場は、桑原武夫の「第二芸術―現代俳句について―」、いわゆる「俳句第二芸術論」が発表された十数年後にそれをあらためて読み、俳句を止めようとした。この傾向は馬場だけでなく、歌人寺山修司にも見られ、寺山は俳句を止めると宣言した。[7] そして、寺山は、一九七六年「撤子の部屋」のインタビューで「俳句はマイナー」だと発言をしている。以後、寺山は、ラジオドラマ、演劇、映画、競馬にと一気に活動の幅を広げてアングラの元祖的存在になった。とはいえ、馬場が俳句を止めようとした苦悩は今もなおも尾を引いているように見られる。だが、この頃を転機にして、馬場はハイブリットな俳人として目覚めることにもなった。言い換えれば、これは馬場がくだした発想の百八十度の転換である。馬場が作句する過程で、伝統美術だけでなく、前衛美術との出会いが、新しい地平を切り拓くことになった。

当時、馬場は、愛知県美術館で、駒井哲郎のエッチング『束の間の幻影』（一九五一）他50点が無料で展示されているのを詳細に見た。『束の間の幻影』は小振りのエッチング作品で狭い空間の中に広大な宇宙空間が広がっているように見えた。駒井のエッチング『樹木』（一九五八）には小さな画面の中に生命的なエネルギーがみなぎっていた。また駒井のエッチング『人のようなネコ』（一九六一）には狭い空間の中に人のような猫が息づいていた。

馬場は、駒井のエッチングを通して、俳句の根幹を成す芸術性に触れるに至ったのである。当時、駒井のエッチングは七千円から八千円位の値段がついていた。しかも馬場自身の助手としての給料としておよそ一万二千円相当の俸給者にとっては高額な値段であった。だが、馬場は画廊の所有者に申し込み、三回分割で駒井哲郎のエッチング『束の間の幻影』を購入することになった。

当時、馬場は、それまで書き溜めた俳句を纏めて句集『断面』を刊行しようと考えていた。そのとき、駒井は、馬場にエッチングを使った句画集の挿絵にフランスのパリのスタイルを推奨した。そして、駒井は版画家と詩人（俳人）とのコラボレーションを提唱した。こうして句画集『断面』は一九六四年出版社昭森社刊で特製五十部が刊行された。

馬場は、俳句に異質の技術「エッチング」を組みあわせたハイブリッドな俳人としての第一歩をふみ出すことになる。

駒井のエッチング『束の間の幻影』は馬場の句画集『断面』とのコラボレーションを生みだした。同時に、馬場は駒井が被った舌癌の闘病生活を見守りながら、科学者として病態を観察することになった。その科学者としての冷徹な眼は、レオナルド・ダ・ヴィンチがスケッチした頭蓋骨の解剖図を基にして透視し研究を重ねて磨かれていくことになった筈である。[8]

3　身体的表現

馬場は、駒井との句画集『断面』の共同作業を通して、やがて馬場は瀧口修造の知遇を得た。

駒井さんは美術の世界ではマイナーに思われがちだった銅版画が極めて重要な領域であることを示し、第二次大戦後の日本の美術界にその価値観を根付かせようと苦闘した作家であると同時に高雅なポエジーをたたえた作風が他の芸術領域からも注目されていて、様々な優れた芸術家たちとの交友があった。[9]

土方巽は暗黒舞踏家で一九六〇年から七〇年代にダンサーとして新しい芸術活動を先駆的に創始した。西洋のモダンバレーと異なり、土方は、日本人の身体の特性を生かして、地面を這って歩く舞踏を展開して前衛的な舞踏を構築した。土方巽の舞踏は、元藤燁子が編集した『アスベスト館通信』等に詳しいが、馬場にとって人間の身体と運動を考えていく上で重要な役割を果たした[10]。美術分野では、ポスターでイラストレーターの横尾忠則が類を見ない土方のポスターを作製し一時代を築いた[11]。

演劇方面では、状況劇場の唐十郎は役者で、演出家も兼ね、座付作者でもあったが、小説『佐川君からの手紙』で芥川賞を獲得した。殊に、唐の『特権的肉体論』は、馬場が、人間の身体と運動を考える上で生きた手本になった[12]。

俳人・寺山修司は馬場の後輩にあたり、『螢雪時代』に俳句を投稿していた。やがて寺山は前衛俳句を創作し、次いで演劇実験室天井桟敷を創設し、アングラブームで同時多発的に前衛アートを誕生させ続けていた。馬場にとっては、寺山が俳人として出発し千変万化する前衛芸術から多彩な影響を受けた。

当時は、新幹線が無かった時代で、馬場は土曜日と日曜日に、東名間の準急「東海」に乗り、東京へ観劇に出かけた。だが、氏は、ウィークデイは、研修医として、大学病院勤務で激務をこなした。当時、氏はエネルギーにあふれていたせいか疲れも知らずに過ごした。馬場とって、医学は、日進月歩であったがパワーがみなぎり、芸術と医学の両分野にまたがって新しいアートと新しい医学の両分野で次々と新機軸を摂取し活躍していった。

馬場は、学生時代に、桑原武夫が主張する俳句「第二芸術」論の対極にあった長編小説を「文学入門」（岩波新書）に注目してその巻末に収めてあった世界近代小説五十選を貪り読んだ[13]。同時に、氏は、後に重要なコンセプトとなる、発想の百八十度の転換する術を世界近代小説五十選から学んだ。

4　原始美術における身体表現

馬場は、原始美術における身体表現に関心を懐いてきた。原始美術の身体表現は、エネルギーに満ちあふれている。先ず、コスケールの洞窟壁画の手の形をとどめた壁画である。この洞窟壁画はフランスの地中海に面したコスケールの洞窟にある。二万七千年前に残された多くの手形の壁画と一万九千年前に描かれた動物群の壁画とに分かれる。手形の壁画は他の洞窟でも多く見られる。手の壁画の作成方法は、手を壁にあて、そこに顔料を吹き付けて手の型を描く。時期はフランス旧石器時代で約二万年前に相当する。

原始美術の特色は、原住民の生活・習慣をつぶさに観察しているとそれぞれ特有な形を帯びて見えてくる。先ず、ネイティブが懐く種族繁栄を願う子孫の多産があり、次いで豊穣を祀る祭儀が呪術的であることや、その傾向を特定すれば色素に現れているのを観察することが出来る。

このような原住民が作るというコンセプトは、「あいちトリエンナーレ２０１６」のシンボルマークとして取り入れられている。ポスターでは、原色を使って、洞窟で使われた色素を引用し、世界最古の芸術作品とのつながりを強調している。

インドネシアにも壁画があり、四万年前のものといわれる。オーストラリアやインドネシアの研究者らによると、二〇一四年十月九日（木曜日）に、「インドネシアのスラウェシ島南部の洞窟壁画が推定で約四万年前に描かれたことが分かった」という調査結果の発表があった。それは「世界最古級の壁画の一つ」である。[14)]

洞窟壁画は欧州で発達した。イタリア、シチリア島には、紀元前一万年位以前アフリカから渡ってきたセシオティと呼ばれる部族がいる。ムルシアの村には「セジ」と呼ばれる円形の墳墓に素朴な壁画が残されている。トラパニの「ウッツォの洞窟」、パレルモ近郊の「アッダウラの洞窟」などがある。これらの壁画には、原始時代に棲息した原住民たちの身体運動が特徴となって描かれてある。[15)]

大英博物館所蔵のカーデップとフェデフェルス夫婦の座像には、男性の肌が赤色で、戸外で働き、女性は家の中で暮らすので皮膚の色が黄色に表されている。王子ラーホテプとネフェルトの坐像のカーアベル像（木彫り）はエジプト古王国、第四王朝の作品で前二千六百年頃に造形された[16]。

アメリカのボストン美術館が誇り至宝でもあるアフロディーテの頭部は、通称「バートレットの頭部（所蔵していた人）は、古代ギリシャのクラシック時代末期からヘレニズム時代初期（紀元前三百三十年頃）にかけて制作された[17]」と評される芸術作品である。

守門女神群像は六世紀後半のインド、アウランガーバード第七窟仏殿入口（インド）にある。いっぽう、平等院・雲中供養菩薩像は、十一世紀半ばの作で、この時代、西洋美術で欠落していた身体の運動を表現している。つまり、東洋の平等院・雲中供養菩薩像は特に東洋独自の身体を表わしているところが注目すべき箇所である[18]。

以上の芸術作品群を具に鑑賞すると、人類は遙か昔の原始美術の時代から「手」を使って、身体を現し、運動を現す象徴であることを後世に伝えようとしていたことが分かる。こうして人類は「手」を使って、身体を表わし、絵を描いたり彫刻したりしてきた。こうしてみると馬場が人間と身体の関係から原始美術の「手」に起源の手掛かりを求めていることが分かる。

5　解剖

馬場は、人類が手を使い、身体や運動を表わすのに重要な機能を果たしてきたことを芸術と医学との両分野にわたる研究の主題にしてきた。更に、氏は、レオナルド・ダ・ヴィンチが、手を動かし、身体を動かす仕組みを概念ではなくて、実際に解剖して身体の構造を明らかにしたことに注目した。

レオナルド・ダ・ヴィンチは芸術や科学の各分野にわたる研究から身体美の復興を成し遂げた。殊にダ・ヴィンチの自画像(一五一三)は注目すべきである。この自画像は、ダ・ヴィンチが六十歳代だった十六世紀初頭に制作されたもので、縦33・5センチ、横21・6センチの紙に赤いチョークで、長いあごひげを蓄えたダ・ヴィンチの顔が、当時の生活のありのままの姿を自身の手によって赤裸々に描かれている。

ダ・ヴィンチが、一四九〇年頃に描いた「ウィトルウィウス的人体図」と称される素描がある。この図によって、「人間の体は一つの小宇宙だ」といわれるようになった。ウィトルウィウスは紀元前一世紀の建築家であった。建築設計では人体の各種比率を用いるのが理想的であるとされてきた。この図を所蔵しているのはヴェネツィア・アカデミア美術館である。

古代ローマの建築家のウィールマイウスの建築論によると「人体は円と正方形に内接するという。このデッサンは、紀元前一世紀にローマ帝国で活躍した建築家ウィトルウィウスが著したヨーロッパで最も古い建築理論書「De Architectura」の第三書、第一章に記されている。そして、ダ・ヴィンチはそこに記された言語を、今度は文字ではなくて図として視覚化し表してみせたのである。[19]

この図は紙にペンとインクで描かれており、両手両脚が異なる位置で男性の裸体が重ねられ、外周に描かれた真円と正方形とに男性の手脚が内接しているという構図となっている。このドローイングは、「プロポーションの法則(*Canon of Proportions*)」あるいは「人体の調和(*Proportions of Man*)」と呼ばれることがある。[20]

レオナルド・ダ・ヴィンチはローマの「ウィトルウィウス的人体図」に刺戟されたが、やがてダ・ヴィンチ自身が人体を解剖してリアルな人体図を表わすことになった。[21] 先ず「頭蓋骨の習作」(一四八九)がある。一枚目の頭蓋骨には縦長の長方形の線が描かれ、二枚目の頭蓋骨ではその部分を切り取った状態が描かれている。ケネス・クラーク著『レオナルド・ダ・ヴィンチ芸術家としての発展の物語』には以下のように記されている。

The anatomical drawings in the Windsor MS.B, dated 1489, are studies of skulls, done with a delicacy which makes them works of art, but with scientific intention (PL.28).[22]

また、他にもダ・ヴィンチの版画に「解剖図」（一四八九）がある。馬場によれば、ダ・ヴィンチの「頭蓋骨の習作」が画期的なのは、頭骸骨の前面近くに多くのに空洞が存在することを指摘している点である。[23]

馬場は、先ず「人間は四足歩行から、直立して二足歩行に変わった」と論じ、次いで「それに伴い、人間は前方から頭骸骨を打撲すると多くの場合致命傷を負う危険性があった」という。それを防ぐために他の動物と違って、人間は進化の過程で、顔面近くの頭蓋骨内に空洞が出来て、前方から外力が加わっても空洞がクッションとなり致命傷を負わなくてすむようになった。例えば、頭骸骨に衝撃が加わっても、それが鼻のなかに抜ける。そのおかげで、致命傷を負わなくて済むのである。

ここで一例をあげると、馬場は「慢性副鼻腔炎における嫌気性菌に関する臨床的ならびに実験的研究」の論文で、嫌気性菌が頭蓋骨の鼻腔近くの空洞に住みついて人間に及ぼす臨床研究を詳細に考究して以下のように論文で述べている。

慢性副鼻腔炎の成因に関しては種々の観点から究明しつつあるが、その発症にかかわる因子の複雑さは、治療の困難にもつながって、現在なお耳鼻咽喉科臨床医の悩みとなっている。（略）副鼻腔はその解剖学的特殊性から酸素分圧の低下が生じやすいことが容易に想像され、嫌気性菌の棲息にも有利な条件を備えていると考えられるが、著者は、本症患者における上顎洞内貯溜液中の嫌気性菌を検索し、その分離菌株について種々検討するとともにPeptococcus anaerobius による家兎慢性副鼻腔炎発症実験を行い、本症発症に嫌気性菌の果たす役割の一端を窺い得たので、ここにその成績を報告する。[24]

馬場は、嫌気性菌を含め、慢性副鼻腔炎研究を通して、ダ・ヴィンチの「頭蓋骨の習作」が示している頭蓋骨の空洞（副鼻腔）について以下のような数奇な運命があった。

ダ・ヴィンチの画期的な事業は、解剖である。ミラノから南に約30㎞、中世の町並みが残るパヴィアはイタリアでも有数の大学の町としてその名をつとに知られている。特に有名なのは医学・薬学部でここのレヴェルはミラノ大学のそれを凌ぐと言われる。絵画と科学の結合として、人体解剖図をあげることができる。ダ・ヴィンチは約三十体の解剖をした。パヴィア大学の解剖学者トーレと解剖図を出版しようとしたが、トーレの病死により中止となった。ダ・ヴィンチの解剖図は歴史の中に埋もれたが、再発見されたのは十八世紀になって、漸くイギリスの解剖学者ハイモリーによって公にされたのであった。[25]

アンドレアス・ヴェサリウスの『人体の構造についての七つの書』（一五四三年、バーゼル、オポリヌス書店刊　鈴木秀子著）によれば、以下のようなダ・ヴィンチの解剖図に関する解説が存在する。

ファブリカ刊行の前にすぐれた解剖図を描いた画家として、レオナルド・ダ・ヴィンチが存在する。ファブリカの挿図がレオナルドの剽窃であるといわれたこともあったようだ。だが、実際には、ダ・ヴィンチの解剖手稿は刊行されることなく、長くコレクターなどによって秘蔵されたままであった。ダ・ヴィンチの手稿が広く世に知られるようになったのは二十世紀に入ってからである。ダ・ヴィンチはパヴィア大学の解剖学者マルカントニオ・トーレ（Marcantonio della Torre, 1481-1512）と解剖学の共同研究を行っており、マルカントニオ・トーレがペストによって死亡しなければ、あるいは、ファブリカのような解剖学書が著された可能性も推定されている。ルネッサンスにおいては、ダ・ヴィンチ、ミケランジェロなどをはじめ、画家の側から人間を正確に描くためにその内部（解剖図）を描く試みがなされた。ダ・ヴィンチの解剖図からの直接的影響は証明できないにせよ、ルネッサンス美術においての画法や精神が間接的にファブリカに影響を及ぼしたことは十分ありうる。

マルカントニオ・トーレはペストで死亡したために、解剖の本は百三十数年後の二十世紀になってイギリスでサンダース（J.B. de C.M. Saunders）がオマリー（Charles D. O'Malley）との共著で発表し、頭骸骨に空洞があることが証明された。[26)]

馬場は、実際、「ダ・ヴィンチは三十五歳から六十歳頃までに三十体の解剖をしたとされた」と述べた。

6 解剖と現代アート

メキシコ・アートの“God of Rain”（一九四七）には顔に筋がはいっている。耳鼻咽喉科学の専門医、馬場の視点から見ると、「雨の神」は顔面神経に覆われている状態を表していることになる。“God of Rain”はメキシコのテスケ、コチティ、サンタクララ、ラグナなどサンタフェ近郊の各プエブロで販売されているみやげ品の呼称でもある。

メキシコのテスケ、コチティ、サンタクララ、ラグナなどサンタフェ近郊の各プエブロで販売されているみやげ品の製作は顕著であった。その代表がテスケの“God of Rain”と呼ばれる小さな塑像型土器である。人形には、ベージュの化粧土の上に水彩絵の具や薄めたインクで赤や緑、青の線が引かれている。プエブロの象徴的デザインである雨や水ともデスケの土器の伝統とも関係がない。この人形は最初、中西部キャンディー製造会社の景品としてサンタフェの交易商人から注文されたものであったが、観光客の人気を得て量産されたのである。また、コチティではインディアン以外の人びと―神父、カウボーイ、ビジネスマン、旅行者などを戯画的に表現した塑像型土器が作られた。テスケの土器は速成で耐久性に乏しかったが、サンタクララで作られた壷や燭台、汽車、動物型土器などは小品だがよく研磨されている。みやげ品の製作は、材料、形態、製作方法、質、作り手の人数などプエブロごとに違いが見られた。[27]

先に触れたが、馬場は絵画を鑑賞する場合、視点を百八十度変えて眺める必要性を説く。その典型が「雨の神」である。「雨の神」は医学の視点から見ていくと顔面が神経に覆われている状態を発見出来るのである。馬場の美術を鑑賞するときのモットーは、画家の視点でだけでなく医学の視点から、つまりハイブリットな視点で絵画を鑑賞する意義を説く。

木を見て森を見ず
森を見るために木を見よ
全体を見る
部分へのこだわり

馬場は、パブロ・ピカソと東洲斎写楽の共通性を指摘する。例えば、ピカソの『アヴィニヨンの娘たち』（ニューヨーク近代美術館）は、絵に立体性を求めている。つまり、絵を鑑賞する際に、「必要なのは遠近法だけか?」と問う。特に、ピカソの絵を見る時には、ひとつのキャンバスに、正面と斜めを立体にかけあわせる。すると、鼻は立体を平面で描いた鉤鼻に表されていることが判明する。

実は、東洲斎写楽『天王子屋里虹』（ボストン美術館）の鼻も立体を平面で描いた鉤鼻をしている。従って、馬場は、

「ピカソが、『アヴィニヨンの娘たち』を描いた時に、東洲斎写楽の『天王子屋里虹』のひき目、鍵鼻を見て関心を懐いた可能性がある」と指摘する。

また、馬場によると、「運慶の『金剛力士像』（十三世紀）に、ジャン・デュビュッフェ（一九〇一―一九八五）が着目してその特異な姿態を自らの現代彫刻作品に採り入れたと思われる立体作品がある」と語った。

馬場は、これまで美術と身体の類似性を関連づけて考察してきた。馬場と交流がある加納光於は絵画『胸壁にて』（一九八〇）を油彩で描いている[28]。馬場が専門医学の眼から見ると、加納の絵画『胸壁にて』は、医学の顕微鏡による映像で観察し診察する際の胸や鼻粘膜の毛細管を彷彿させるという。馬場は「私の蒐集四十年の歩みをふり返って」で以下のように述べている。

加納さんが恐るべき幻視者であることをうかがい知ることが出来た。（52）

馬場は、芸術作品を鑑賞するときに、印象批評ではなく、例えば、専門医学の眼から生体内の微細構造に重ね合わせて、加納が「恐るべき幻視者である」ことに思い至るのだ。

7　耳の彫刻

馬場は、美術を批評するだけではなく、実際に、耳鼻咽喉科医として、三木富雄の耳の彫刻作品に刺激され、小耳症で耳を造形する画期的な手術を手がけることになった。馬場は一九六三年、東京で耳鼻咽喉科の学会へ行く途中に、上野で開催されていた読売アンデパンダン展で初めて三木富雄の耳彫刻作品に遭遇した。読売アンデパンダン展は無審査で誰でも応募できる現代美術展であった。その後馬場は、一九六三年南画廊で開催された三木の個展で小振りの耳彫刻作品を買い求めた。

馬場は三木富雄の耳彫刻作品に魅了され、耳鼻咽喉科の専門医として、その後耳を形成する手術をこころざすことになった。

三木がインタビューの依頼を受けて、相手のインタビュアーと会話している話しぶりは一風変わっている。一言でいえば、三木の会話からは普通の人間の論理から逸脱したものだ。

三木　たとえば僕が耳をつくりはじめてから、よく人に、なぜ耳をつくるのかというふうに聞かれて、自分でそれがよくわからない状態のままでやっているうちはよかったんですけれども、自分のなかで、じゃあなぜ耳をつくるんだろうというふうな問題になったとき、耳が一つの神秘化されたような形になって…だから、耳が僕にとって、変な言い方だけれども敵意をもつ、そういう感じを最近受けますね。だから、耳について、なんか出会っていないというかね…[29]

馬場が医学の世界において手がけた造耳手術は、三木の彫刻耳作品に触発されて誕生した事実である。馬場は、佐谷和彦との対談「一　対談―馬場駿吉氏と現代美術を語る」でも三木の耳彫刻に触発されたことについて次のように述べている。

三木の耳に触発されて、耳が欠損して生れてくる子供さんの耳を再建するという手術に力を注ぎはじめました。[30]

少なくとも、理性的な馬場が、デモーニッシュな三木の耳作品に触発されて耳介形成手術を追及し続けた原動力の源は三木の耳彫刻作品であったのだ。

三木富雄の複雑な心の世界は計り知ることが容易ではない。しかし、ここで簡単に三木の経歴を辿ると次のように纏めることができる。

三木富雄（一九三八―一九七八）は彫刻家で特に耳を題材にして、巨大な耳を彫塑した。それらの耳彫刻は大きさが身体くらいのものもある。三木は千九百五十八年の第十回読売アンデパンダン展でデビューした。三木は一九六三年、二十五歳のとき、個展で初めて「耳」を出品した。以後、三木はとりつかれたように耳をモチーフにした作品を制作した。そして「私が耳を選んだのではなく、耳が私を選んだ」と述べ、アルミ合金やプラスチックの素材などで左耳ばかりを作り続けた。一九七八年、三木は四十歳の若さで急逝した。

馬場は耳鼻咽喉科の専門医であるが、「小耳症で悩む十歳児くらいの子供が一万人のうち二百人くらいいることが分かった」という。耳の中の構造は機能するのであるが、耳がないために、いじめにあったり、給食の時当番でマスクを掛けられなかったり、眼鏡をかけられなかったりする。ところが、当時アメリカからの論文が発表され、肋骨の軟骨を取り出して耳の枠組みを作ることを基本とする方法が脚光を浴びることになった。

山田泰生は『毎日新聞』で「科学と芸術の間闊歩　名古屋ボストン美術館館長　馬場駿吉さん」（二〇一一年五月十五日）と題して次のように馬場を評価している。

医師としては、（馬場は）耳介形成術の第一人者だった。耳が欠損して生れた人のために、米国医師のトレーニングを受けほぼ四百人の耳を再生した。（略）耳をモチーフに彫刻を多数制作した三木富雄さん（故人）の作品は宝物のひとつだ。[31]

既に、ハノーバーやボストンなどのカナダ周辺地区で耳復元手術が行われてきた。そのなかには、次のような紹介がある。

その新しい耳介形成術の原稿発表者はラドホート・タンザー（Tznzer）という形成外科医でニューハンプシャー州、ハノーバー市のダートマス大学医学部の客員教授であった。元来、造耳手術は十六世紀以来様々な術式が試みられた。現在の方法は一九五九年にタンザーが発表した肋軟骨を三本使用する方法に元づく。タンザーの方法は肋軟骨で耳介のフレームを作製し側頭部の皮下に埋め込み、数ヶ月後、移植した耳介フレームと皮膚を立たせ、耳介後面と側頭部に植皮する。この後で、耳の穴のくぼみを造る手術をする。タンザーはこの手術を初めは六回に分けて行い、患者にとり負担のある治療だったがその後改良がされた。現在行われている耳復元手術式は全てこのタンザーの方法から発展したものである。[34)]

このように馬場は、三木の耳彫刻作品によって啓発されたのであり、その後手術を手がけることになった。三木の耳彫刻作品の場合、巨大な作品を多くストックする場所に問題があり、つまり三木自身、彫刻作品収蔵に問題が生じ、時には既存の作品を潰すこともあったといわれている。三木の耳の彫刻作品は、現在、東京国立近代美術館、東京都現代美術館、名古屋市美術館、大阪の国立国際美術館、広島市現代美術館など多くの美術館に収蔵されている。

8　身体とアート

マルセル・デュシャン（Marcel Duchamp、一八八七年七月二十八日―一九六八年十月二日）には、『階段を降りる裸体』（一九一一年、一九一二年、一九一六年制作の三バージョン）のようなキュビスムと未来派の影響を受けた絵画作品がある。医学者の馬場によると、デュシャンの『階段を降りる裸体』は映画のフィルムの連続した動きをスローモーションで現した人間の身体の動きになるという。この『階段を降りる裸体』に影響を受けたジャクソン・ポロック（一九一二年一月二八日―一九五六年八月十一日）は、描かれたキャンバスの周辺をブラシから絵具をしたたらせつつ自ら走り回って描いた身体の連続した動きを表現している。

ジャクソン・ポロック（一九一二年一月二八日―一九五六年八月十一日）は二十世紀のアメリカの画家であるが、その作品には『暁の明星』（一九四七）がある。ポロックは、走り回って巨大な絵を画く。ポロックの身体の動きに特徴があり、それはアクション・ペインティングとなった。

J・ポロフスキー（一九四二〜）は米国のボストンで活動し、身体のバランスを重視している。ボロフスキーは自分の見た夢や、新聞の報道写真、雑誌の広告などから得た様々な人間像を絵にし、そのイメージを更に立体作品へと発展させたが、展覧会の空間に解き放たれた人間像は、作家自身の姿であるとともに、彼と同時代を生きる私たち自身の姿でもあった[33]。

耳鼻咽喉科医の馬場は、医学専門の視点から見ていくと「ポロックやポロフスキーらのモダンアートは身体のバランスと三半規管との関係があり、平衡感覚と内耳が連動しているのであって、総合はバランスと結びついている」と述べた。

ハイブリットな感覚を身体とアートに結びつけたアーティストに荒川修作がいる[34]。荒川は六年前に逝去したが前衛的なアートを追求した。いっぽう、荒川のアートは赤瀬川順平のアヴァンギャルドともつながりがあった。

赤瀬川　工藤とか三木（富雄）なんてのはもっと自分の作家意識が強いから（ハイレッドセンターに）入らないわけですね。だけどしょっちゅう来てて、ぼくなんか作家的にウヴだからね、こいつらいっしょにいるのにどうして入んないのかな、なんて思ったけど、いま考えりゃそうごくわかるね、なんか。

中西　ぼくは三木はてっきり入ってるのかと思って「君ネオダダか」と言ったら、「オレは違うよ」なんて。

赤瀬川　違うんですよね[35]。

先に述べたが、建築家ウィトルウィウスが著したヨーロッパで最も古い建築理論書「De Architectura」の第三書、第一章に書かれている文章を、レオナルド・ダ・ヴィンチが視覚言語化した。ダ・ヴィンチは、人体解剖ばかりでなく、建築にも関心があり、その意味でルネッサンスのハイブリットな感覚を身体とアートに結びつけたアーティストの先駆者であった。

荒川の新機軸は、アートをタブローではなく、建築に関心があり、世界が揺らぐ感覚でみつめる観点に立ち探求したことだ。荒川にとって、斜面は重要なコンセプトであり、自ら設計した公園『養老天命反転公園』（一九九五年、八月）を実際に造形し、身体総合的な空間を出現させた。更に荒川は、自ら設計したマンション『三鷹天命反転住宅』（二〇〇五年十月）を構築し、床には凸凹を使い応用してみせた[36]。

加藤力（一九六五〜）は『ここから始まる』（二〇〇七）の油彩画で赤ちゃんの口に注目している。つまり、赤ちゃんの唇は身体の産声を上げる吸乳する器官であり、言葉を発するのである。また、赤ちゃんの唇は母のおっぱいを吸引し触角の重要性を喚起させてくれる。更に、赤ちゃんの唇は飲食を摂取する生命活動の原動力になっている。

美術を言葉で見て行くと、戦後の美術作品名のタイトルは、「無題」と呼称される傾向がある。というのは、現代芸術は拘束を避けるからである。「無題」とは、タイトルが付いていない作品に対する便宜的な呼称である。英語では「untitled」と名づけられる。本来は便宜的な呼び名でありタイトルではないが、時には正式なタイトルとして「無題」と名づけられる。タイトルをつけることで作品のイメージを固定化せずに、受け手側の想像力に委ねることを望む場合に「無題」とつけられる。

馬場の俳句が特異なのは、俳句を現代音楽や現代美術に結び付けて、俳句に新しい地平を切り拓いたことだ。例えば、馬場は句画集『断面』に駒井哲郎のエッチングを依頼して書物の表紙や挿画を作成した。

また馬場が駒井のエッチング『束の間の幻影』を使ってコラボレーションを果たしたときも、奇しくもセルゲイ・プロコフィエフのピアノ曲の題名『束の間の幻影』と偶然につながっていたことを知った。また馬場が俳句を断念しかけた時に駒井の『束の間の幻影』に出会い、それをきっかけとしてハイブリットな俳人馬場駿吉が誕生することになった。しかも、馬場は駒井のエッチング『束の間の幻影』はプロコフィエフのピアノ曲『束の間の幻影』と偶然に繋がっていたことを知ることになった。このとき馬場はジョン・ケージの偶然の音楽と奇しき因縁を感じ取ったかもしれない。そして馬場はケージの音楽に関心を示していた武満徹の音楽と氏の作句のコラボレーションを想定し、音楽が及ぼす力によって俳句へと駆り立てるアートのエネルギーを昇華させていくのである。[37]

武満徹　音楽（耳）
馬場駿吉　俳句
駒井哲郎　美術（手）

馬場は武満の音楽（耳）と駒井の美術（手）のコラボレーションから俳句作品の新機軸が生まれたという。

馬場は岡本太郎のアートにも強い関心を持っていた。岡本はアバンギャルドなアーティストとして知られているが、岡本は古い日本美術や地方伝統美術造形術にも強い関心を示し、アバンギャルドなアートと伝統美術の出会いをアートの新感覚によって求めたのである。

岡本太郎が久国寺で桑名火入れ式を行い、それらのコラボレーションから作品が生まれた。久国寺（きゅうこくじ）は、愛知県名古屋市北区にある曹洞宗の寺院である。寺院には岡本太郎作の梵鐘があることで知られる。境内の一角に、芸術家の岡本太郎が一九六五年（昭和四十年）に製作した梵鐘「歓喜の鐘」が設置されている。これは、当時、住職が知人から岡本太郎を紹介してもらい製作を依頼したものである。なお、この梵鐘には小型の試作品が五体製作されており、うち一体は岡本太郎記念館に設置されている。

俳人の馬場は俳句が日本国内だけのものであってはいけないのではないかと考えていた。馬場はイタリアのヴェネツィアにあるトリノ協会のシンポジウムで「俳句の国際化」について次のように述べた。

その時、俳句に関するシンポジウムも開かれたが、最後に聴衆から、俳句の日本語としての響きを楽しみたいので音読して欲しいという要請があった。詩は朗読されるものだ、というヨーロッパの伝統の確かさが、その時の熱い拍手からも身に伝わって来た—日本の詩歌も本来そうなのだが。ともかく俳句の国際化は急ピッチだ。[38]

馬場はイタリアのヴェネツィアを訪れ『海馬の夢—ヴェネツィア百句』を作句した。馬場の『海馬の夢—ヴェネツィア百句』を詩人のルイジ・チェラントラ氏が日伊に対訳（一九九九）し、ヴェネツィアの作曲家・指揮者のマリーノ・バラテッロが作曲し演奏会を行った。サンタ・マリア・デッラ・ビエタ教会聖堂で初演する計画があった。歌はヴェネツィアに在住している日本人ソプラノ歌手の松島理恵さんが担当した。二〇〇一年にピエタ教会聖堂で初演されてから、二〇〇五年には名古屋で『海馬の夢—ヴェネツィア』（電気文化会館　ザ・コンサートホール）を次いで二〇〇七年に『RENKU 水都孤遊』（宗次ホール）などと、少しずつ形を変えながら公演された。

馬場が注目し続けてきた俳句と能楽の観点から見ていくと、松尾芭蕉は『奥の細道』で遊女との話を綴っている。これは芭蕉が西行と遊女との関係を劇化した能楽『江口』と関係がある。馬場は、俳人の芭蕉が西行を物語った能楽『江口』に関心を寄せて『奥の細道』で遊女との話を綴っていたことに関心があった。

殊に、馬場は作曲家・高橋悠治に強い関心があり、こうして馬場の俳句と能楽師片山九郎右衛門と高橋悠治の音楽とのコラボレーションによるアートを考案することになった。

HAIKU+NOUGAKU+ONGAKUのコラボレーションから馬場の連句「苦艾」が生まれ、二〇一五年四月十一日俳句と独吟連句が行われた。現代俳句界の重鎮馬場の俳句に基づき、日本を代表する孤高の作曲家高橋が新作を発表した。また京都が誇る能楽師片山九郎右衛門が舞台で連句を朗誦した。

高橋悠治は、身体を中心として人間が、哲学・倫理・宗教を掲げ、右手に音楽を、左手に芸術を配置する総合性を提案している。[39)]

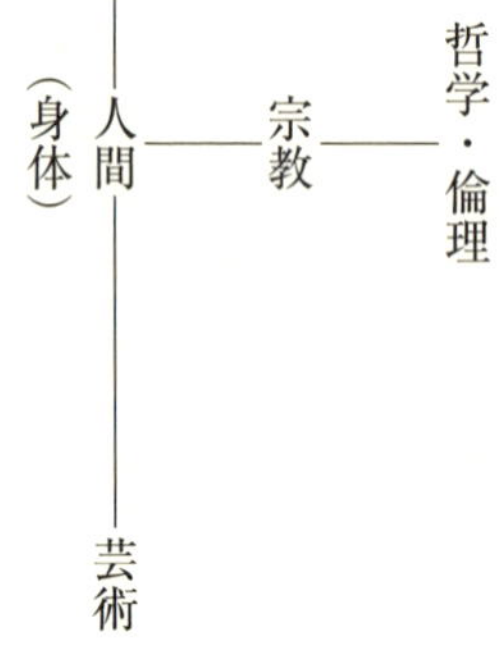

馬場によると、「原理主義は本質からそれる。人生この道一筋に精進することが美徳とされてきたが、その専門性に問題がある」と述べた。このように馬場は異質な技術の組みあわせを行い、ハイブリットな俳人をめざしてきた。

9　まとめ

馬場について、専門医や医学研究者に聞くと、それらの多くの関係者達から、口をそろえて、氏について「俳句を作る耳鼻咽喉科の先生でしょう」としばしば聞く。馬場のハイブリットな俳句の世界を知らなければ、つまり、専門以外の分野は知らないと、医学と芸術とは別々の世界だと思い込んでしまう。マルセル・プルーストもギュスターヴ・フローベールも医学者の修行を諦めて芸術に走った。しかし、馬場の新機軸は、医学と芸術に橋をかけた功績である。馬場の俳句七十年と医学七十年の歴史は何れも専門肌であることは間違いない。

ジャン＝ポール・サルトルでさえ、プルーストの小説『失われた時を求めて』を小説ではなく「嫉妬」を分析した心理学書か医学研究書であるかのごとく批評した。[40] 馬場の芸術が特異なのは、医学と芸術の間にはかくも摩訶不思議な世界が展開していることを思い知らせてくれることだ。まさに、そこにこそ、馬場の医学や芸術はハイブリットな俳人の人生があることを知らしめてくれるのである。

注

1）馬場駿吉「ハイブリッド人生のすすめ」（中部大学高等学術フォーラム第十三回・第十四回連続講演、中部大学リサーチセンター二階大会議室二〇一五・一・二八）
中部大学高等学術フォーラム第十三回・第十四回連続講演、中部大学リサーチセンター二階大会議室二〇一五・一・二八。

2）馬場駿吉『螢雪時代』（一九四九年十月号）93頁。

3）加藤楸邨「読者文芸」欄「俳句加藤楸邨の選後評」『螢雪時代』（一九四九年十月号）93頁。

4）馬場駿吉「先端医療ヘルスケアセミナー」「～いつまでも健康に～」第二回「もっと見えたい、聞こえたい」で「医学と芸術のあいだ」Cf. www.japsam.or.jp/japsam/network/Seminar090523-2.pdf 2015/05/06

5）「名作選　ハイビジョン特集」「地球大進化　第三回　ヒトへと通じる道」（ＮＨＫ　ＢＳプレミアム（Ｃｈ・３）、二〇一五年三月十一日午前九時～十一時三分）参照。

6）桑原武夫『世界』（岩波書店一九四六年十一月号、『桑原武夫全集』第三巻、朝日新聞、一九六八）、13—29頁参照。

7）寺山修司「カルネー〈俳句絶縁宣言〉」（『青年俳句』、一九五六・十二）（『寺山修司の俳句入門』光文社文庫、二〇〇六）、

73―78頁参照。
8）駒井哲郎『束の間の幻影』（馬場駿吉「一俳人のコレクションによる駒井哲郎銅版画展～イメージと言葉の共振～」名古屋ボストン美術館、二〇〇八）参照。馬場駿吉『断面』（昭森社、一九六四）参照。中村稔『束の間の幻影』（新潮社、一九九一）、277頁。
9）馬場駿吉「私の蒐集四十年の歩みをふり返って」（季刊『版画芸術』121、32巻2号、阿部出版、二〇〇三）、52頁。
10）元藤燁子編集『アスベスト館通信』参照。土方巽『夏の嵐』（企画・監督、荒井美三雄、ダゲレオ出版）参照。
11）守安敏久「横尾忠則」（『バロックの日本』国書刊行会、二〇〇三）239―258頁参照。
12）唐十郎『特権的肉体論』（白水社、一九八七）参照。
13）「文学入門」（岩波新書）巻末にある世界近代小説五十選（『桑原武夫全集』第一巻、朝日新聞、一九六八）、63―211頁参照。
14）Cf. www.jiji.com 2015/05/06
15）Cf. standhill.sakura.ne.jp/siciliato/ippan.html 2015/05/06
16）Cf. inoues.net/museum/britain_museum.html 2015/05/06
17）Cf. www.nagoya-boston.or.jp/upload/venusrelease.pdf 2015/05/06
18）Cf. www.kampo-s.jp/magazine2/083/index2_kiji.html 2015/05/06
19）Cf. ameblo.jp/davinci-codex/entry-10978635302.html 2015/05/06
20）Cf. www.weblio.jp > Weblio 2015/05/06
21）『レオナルド・ダ・ヴィンチの素描』裾分一弘編集・解説（岩崎美術社、一九七三）、44頁。
22）Clark, Kenneth, *Leonardo da Vinci*（A Pelican Book, 1958）, p.78 & PL 28. クラーク、ケネス『レオナルド・ダ・ヴィンチ芸術家としての発展の物語』第二版　丸山修吉、大内賢治訳（叢書・ウニベルシタス　法政大学出版局、一九八一）、

１１３頁参照。
23）『レオナルド・ダ・ヴィンチ解剖図集』松井喜三編集・解説（みすず書房、二〇〇一）、74—77頁。
24）馬場駿吉「慢性副鼻腔炎における嫌気性菌に関する臨床的ならびに実験的研究」（名士大医誌、二十巻四号、一九七〇）、８００—８０１頁参照。鈴木祥一郎、上野一恵『嫌気性菌』（第二版）小酒井望編—日常検査法シリーズ８（医学書院、一九七八）参照。
25）Cf. www.yuhikaku.co.jp/static/shosai_mado/html/1411/13.html 2015/05/06
26）鈴木秀子「アンドレアス・ヴェサリウス『人体の構造についての七つの書』一五四三年、バーゼル、オポリヌス書店刊」参照。Cf. www.lib.meiji.ac.jp/about/publication/.../suzukiA01.pdf 2015/05/06
27）Cf. www.rikkyo.ac.jp/research/laboratory/IAS/.../iiyama.pdf 2015/05/06
28）加納光於『「骨ノ鏡」あるいは色彩のミラージュ』（愛知県美術館編集、二〇〇〇）、78—79頁。
29）岡田隆彦「三木富雄と語るなぜ耳なのか」（『みづゑ』Ｎｏ．８５１美術出版社、一九七六・二）79頁。
30）佐谷和彦「1対談—馬場駿吉氏と現代美術を語る」（『原点への距離』沖積舎、二〇〇二）、15頁。
31）山田泰生「科学と芸術の間闊歩　名古屋ボストン美術館館長　馬場駿吉さん」（『毎日新聞』二〇一一年五月十五日）21頁。
32）Cf. www.aichi-med-u.ac.jp/keiseigeka/syojisyo.html 2015/05/06
33）Cf. a meblo.jp/lm161208/entry-10510127574.html 2015/05/06
34）勅使河原純「荒川修作＋マドリン・ギンズの〈精神の容器〉」（『美術館からの逃走』現代企画室、一九九五）、２３５—２４３頁。
35）赤瀬川原平『東京ミキサー計画』（ちくま文庫、一九九四）３２６頁参照。
36）荒川修作、マドリン・ギンズ『建築—宿命反転の場』（水声社、一九九二）参照。
37）武満徹（音楽）勅使河原宏監督、安部公房原作『砂の女』（一九六四）ポニーキャニオン、二〇〇二参照。

38） 馬場駿吉『星形の言葉を求めて』（風媒社、二〇一〇）、55頁。

39） 高橋悠治「訳者あとがき」（ホセ・マセダ『ドローンとメロディー』、高橋悠治訳、新宿書房、一九八九）247―249頁。

40） J・P・サルトル、S・ボーヴォワール『サルトルとの対話』日高六郎、平井啓之著者代表（人文書院、一九八〇）、74頁参照。

第三章　視覚　馬場駿吉の宇宙―俳句と版画

清水　義和

1　はじめに

馬場駿吉は俳句を通して駒井哲郎の銅版画との出会いに遭遇し、親密な関係を結ぶことになった。馬場が俳句を一冊の本に纏めた句画集『断面』がある。この句画集の対極にあるのはマルセル・プルーストが著した長編ロマン『失われた時を求めて』であろう。そして駒井哲郎の小粒な銅版画『束の間の幻影』の対極にあるのはヨハネス・フェルメールが大キャンバスに描いた『デルフトの眺望』であろう。『失われた時を求めて』や『デルフトの眺望』はひとりの人間にとっては、余りにも膨大で巨人のような作品であるが、句画集『断面』と小粒な銅版画『束の間の幻影』との関係は掌にのるほど小さいので親密度がましてくる。超大作と豆本という尺度からみてもその違いがよく表わされている。

『失われた時を求めて』の中の第二篇「スワンの恋」で、スワンとオデットが「カトレアをする」という描写があるが、この場面は、二人の密会の細部を象徴的に表している。だが、その断面は先ず第二篇「スワンの恋」があって「カトレアをする」の意味が凝縮的に詰まっていることが分かる。しかし、膨大な長編ロマン第二篇「スワンの恋」が背景になければ、「カトレアをする」のフレーズだけではそのエッセンスが示す抽象的な意味が分からない。

ヨハネス・フェルメールが油彩画『デルフトの眺望』に描いた教会の壁面に反射する黄金色の朝の光は、広大なデルフトの眺望が背景にあるから活き活きと輝いている。だが、「壁面に反射する黄金色の朝の光」だけを拡大して切り取ってきて見せてくれても、それは断面にすぎないので、結局それだけでは黄金色の神髄の意味は部分だけでは鑑賞に堪えない。

馬場が句画集『断面』に作句した一連の俳句は、まさに日常の断面を切り取ってみせた生活のエッセンスを表わしており、日常生活の殆どが削ぎ落とされ捨てさられている。それに、元々、俳句には日常生活の大部分は最初からない。俳句は漆黒の夜空に輝く一点の星なのであり、その意味で星の王子さまが住んでいる星のようにごく身近に感じるのである。

駒井哲郎の銅版画『束の間の幻影』も、小さな銅版画の狭い空間の中に大宇宙を閉じ込めて見せたのであり、その小さな銅版画自体が極小でありながら膨大な宇宙を表わしているのである。

馬場の句画集『断面』の俳句や駒井の銅版画『束の間の幻影』は、ロジェ・カイヨワの『石』に描かれた魚石のように、宇宙が始まって以来魚石の中に閉じ込められてきたままの処女水と似ている。だから処女水は世界を環流する水とは異なり、巨大な宇宙を掌に乗せることのできる程の大きさの魚石の中に閉じ込められている。だが、一端魚石が破裂すると中身の処女水は忽ち蒸発して消えてしまう。処女水と環流する水とは同じ液状の物質で出来ているけれども、全く異なる成性の歴史があることを想起させてくれる。

2　馬場駿吉の俳句と銅版画

本稿は、馬場駿吉の俳句と銅版画との関係を、極小に詰め込まれたミクロの宇宙を浮き彫りにして提示する試みである。

馬場が語る銅版画家、長谷川潔、浜口陽三、駒井哲郎、池田満寿夫、浜田知明の描いた銅版画は、それぞれの作品が魚石のように小宇宙を閉じ込めているのであり、同時に、馬場の俳句の世界と相似形を成しているのである。

馬場の俳句は、氏の耳鼻咽喉科医としての専門知識に裏打ちされていて、ちょうど、セルゲーイ・ミハーイロヴィチ・エイゼンシュテーインの映画『戦艦ポチョムキン』で、腐肉を顕微鏡で大きく映しだして、腐肉に付着してうようよ蠢く細菌を巨大化して見せたように、そのようにして現実の裸眼では見えない、ミクロの世界を描き俳句に読み込んでいる。

譬えるなら、顕微鏡で覗いて見れば巨大に肥大化した細菌も、馬場の掌のうえでは、原寸大の細菌となりミクロの世界に後退して納まってしまい、裸眼では見えない雑菌をごく身近に感じさせる。

馬場が、観察する駒井哲郎の描いた銅版画『樹木』の微細な木の枝々は、観方を変えれば、氏が日頃顕微鏡で見慣れた静脈のように身体の至る所に神経が行き渡っているように見える。

けれども、馬場が、駒井哲郎の小振りな銅版画『樹木』の細い木の枝々に親近感を感じるのと同じように、油彩画の『デルフトの眺望』や長編ロマンの『失われた時を求めて』に同じ親近感を懐くことはできない。比喩的に言えば、かつて恐竜を相手にした人類の祖先が、生死を賭けて戦わねばならないと決意や覚悟を懐いたことがあったとしても、決してその恐竜に親近感を懐けるようにはならなかったのと同じである。

本稿では、俳人で耳鼻咽喉科の専門医である馬場が、執刀医として、メスを片手に、掌に収まるような、耳や鼻のような大きさの器官を眼にした時に感じるのと同じように、俳句や銅版画に親近感を懐き、氏がハイブリットの視点から俳句の新機軸を見出していく過程を辿り、俳句や銅版画に親近感を懐くに至った異種結合の俳人の痕跡を明らかにしていく。

3　俳句と科学

馬場は名古屋・栄画廊で、駒井哲郎の『束の間の幻影』を初めて見た。その時の衝撃は今尚氏の心の底に留まっている。

当時の私は医師として世に出てまだ三年目。学生時代から熱中して来た俳句への信頼感にやや揺らぎを感じていた頃だったのだが、眼前の一点一点は一般の絵画の概念から見ればみな小ぶり。だが、それぞれの狭い画面に封じ込められているイメージは樹木、鳥、魚などのほか、夢と現実との境界に浮かぶ小宇宙のような世界―それが黒と白の諧調と刻線によって描かれているのには目をみはる思いだった。その会場を出てまず胸に響いたのは、たった十七文字の狭い言語空間をもつに過ぎない俳句という短詩型にも銅版画のような表現の可能性があるにちがいない、という啓示的な声だった。[1)]

その衝撃の日から遡ること、半世紀前の一九六一年頃、馬場は、少年時代に俳句を詠みはじめ、熟練して紡いだ短い文字を、十七文字の詩型に打ち込み続けていた。

戦後の日本は何もない時代であった。当時、馬場の父は田舎に疎開していたのであるが句会を開いた。名古屋の中心街大須と違い田舎には食べ物があった。馬場は生れが名古屋の大須であったが、戦時中は木曽川近辺の北方村（現在一宮市）に疎開、何も無い時代に少年時代を過ごし、旧制中学三年の時、俳句を一生懸命励んだ。応募作品が受賞して、馬場は俳壇から万年筆を貰った。一宮の旧制中学校の時代には、文芸部に入り、文芸誌を編集した。馬場の父は耳鼻咽喉科医であったが、医者の中には森鴎外のように、医者をやり文学を志す人がある。そこで、馬場は医者の修業をやって同時に文学も志すことにした。

一九四六年、桑原武夫が、俳句「第二芸術」論を発表して、馬場は俳句を続けるかどうか迷った。俳句は十七文字の短い文字で勝負する。いっぽう、小説は、哲学、宗教、音楽、美術を含む。それに対して、俳句は日本語の微妙さが必要不可欠である。かつて俳句は「第二芸術」とやり玉に挙がった。俳句批判は日本人の批判であった。馬場は、「俳句は、親密で、狭い範囲を歌い、それもそうだなと思った」という。

愛知県美術館は当時一階に貸しギャラリーがあり、二階は企画展を開催していた。馬場は一階の貸しギャラリーで駒井哲郎の銅版画に出会った。

現在、馬場は、駒井の銅版画五十点を収集している。小さい作品も含めれば六十点くらいを収集しているという。

前述したように、馬場は、愛知県美術館の貸しギャラリーで駒井の銅版画に触れた。馬場にとっては、油彩画と比べ、銅版画は身近に感じ、親密感を覚えた。そして更に馬場は、駒井の小振りな銅版画にミクロな宇宙に詰め込まれて凝縮したイメージを感じた。

馬場によれば、「油彩画は大きいが銅版画は小さい。また、長さでいえば、油彩画は幅が長いが、銅版画は幅が短い」と述べる。「つまり、銅版画は、画自体を狭い空間に凝縮して閉じ込めてしまっている」と語った。

そこで、馬場は、「俳句は、このような銅版画に似た可能性を持っているのではないか」と考えるに至った。

それを境にして、馬場は、ギャラリー名古屋の展覧会、愛知県の小さな栄画廊で駒井の銅版画を探し見て回った。栄画廊はCBC（中部日本放送）の少し東の南にある。それらの画廊で、馬場は駒井の作品を次々と見て回ったのである。そのうち、氏は、駒井の銅版画を直接手元において、刺激を受けたいと考えるようになった。馬場が助手をしていた当時の名古屋市立大学では、助手の収入は月額一万二千円くらいであった。だが、いっぽう、駒井の銅版画『束の間の幻影』は七千円から八千円の価格であり、馬場にとっては大金であった。そこで氏は画廊に頼んで三回の分割払いにしてもらうことにしたのである。

駒井の銅版画『東の間の幻影』は、小さなスペースの中に、幻想的で、広大な宇宙が浮かんでいるようで、この世にはありえない光景であった。

前述したように、名古屋には、栄画廊（個人美術館）や県美術館（公共美術館）があって、馬場は画廊や美術館を見て回ったが、駒井哲郎の銅版画の収集する際には西田武雄がらみであった。[2)]

馬場の父は、西田武雄編集の雑誌『エッチング』を購読していた。馬場はその雑誌で若き日の駒井哲郎の銅版画を見た。中村稔は『エッチング』誌に駒井の名前が掲載された時期の活躍について評伝『東の間の幻影』で次のように書いている。

『エッチング』誌同年（一九三六年）六月刊第四四号の所有者蘭に駒井哲郎の名前がはじめてあらわれ、前号まで駒井の名前が見られないことが確かめられる。[3)]

馬場は、「銅版画は重厚な油絵と異なり、半ばくらいの感覚だ」と感じていた。西田武雄は銀座にあったサエグサ画廊で丁稚奉公して画業に励んだ。西田が主宰する日本エッチング研究所で駒井哲郎も銅版画を学んだ。

南画廊は東京画廊とともに現代美術を扱う画商としてパイオニア的な存在である。画廊主の志水楠男は、東京画廊勤務を経て一九五六年に南画廊を設立した。南画廊は、駒井哲郎展によって開廊した。次いで、今井俊満や荒川修作、三木富雄、あるいはJ・フォートリエ、S・フランシス、J・ジョーンズやグルッポTなど内外のさまざまな作家の個展を開催した。

一九五〇年代に第一回駒井哲郎展が、鈴木佐平が経営していた名古屋のサカエ画廊会場で開催された。だが会場が手狭なので、銅版画展を、愛知県美術館で開催する企画がたてられた。

先に述べたように、馬場は駒井哲郎の銅版画は五十点収集した。細かい作品を含めると六十点くらいになるという。

長谷川潔（一八九一―一九八〇年）は、横浜生まれで、明治末より素描、油絵を学び、大正初期から木版、銅版を独習した。一九一八年にフランスへ渡り幻の技法となっていたメゾチント（マニエル・ノワール）を近代的な技法で再生させた。以後一度も帰国することもなく生涯パリで制作した。長谷川はジョルジュ・ルドンに会いたがっていた。長谷川は自著『白昼に神を視る』でルドンについて以下のように書いている。

私が誰よりも自作を見てもらいたい画家は、ルドンだった。[4]

だが、長谷川がパリに着いたとき、ルドンは既に死亡していた。そこでルドン未亡人に会った。駒井哲郎は『版画のマチエール』の中で長谷川とルドンの関係について次のように述べている。

一九一九年、パリに着かれた先生（長谷川潔）は会いたいと欲していたオディロン・ルドンが大戦中の一九一六年に他界していた事実を知って大いなる失望を味わった。[5]

駒井哲郎も長谷川に感化されてルドンが好きになった。駒井は留学した時にパリで長谷川の世話になった。駒井はアルブレヒト・デューラーの銅版画を見てショックを受けた。それが駒井の西洋との出会いであった。長谷川の銅版画はインパクトを与える。馬場は長谷川の銅版画を殆ど持っていないが、実は、馬場は長谷川を一点だけ持っていると語った。

馬場は句集『断面』の装丁を駒井に頼むことを決意した。氏は無視されると困るのでサカエ画廊の鈴木さんに頼んでから上京し、世田谷新町に原稿を持って駒井宅を訪問した。

駒井は『断面』の原稿を十分ほど見て、馬場に「装丁をやりましょう」と承諾してくれた。駒井は、俳人とのコラボレーションを決断した。当時、馬場は無名の俳人であった。馬場は猿年で、駒井は七―八歳年上であったが、駒井は馬場に親切であった。

馬場が駒井に会った時、ちょうど駒井はフランス帰りで、「パリの詩人は銅版画を挿絵にするので、（馬場に）オリジナルで特装版を作らないか」ということになった。馬場は、『断面』を当時ユリイカから出そうと考えていたが、駒井が昭森社を紹介してくれた。当時昭森社は神田の書泉の裏側にあり、木造建てで、小宮山書店の裏側にあった。

ところが、その直後の一九六三年十月二十日、駒井は、ヴォーカル・グループ、マヒナスターズ事務所関係者の小トラックに跳ねられる交通事故に遭ってしまう。駒井の回復後漸く『断面』の銅版画は完成した。『断面』には普及版と特装版の二種類がある。特装版を作ったのは、駒井がフランスに留学中、オリジナル入りの銅版画の詩集を見ていて、『断面』に挿絵を挿入することを勧めたからであった。

中村稔は詩人であるが駒井の伝記『束の間の幻影』を書いている。この伝記は読売文学賞を受賞した。それによると、駒井は日記をつけていないが、実は、入院中は、日記をつけていた。駒井は日記に「画材を買わなければ」と退院間際に書いていた。中村稔は駒井の伝記『束の間の幻影』の中で、駒井が馬場から依頼があった『断面』の制作過程を駒井の日記から引用している。

「銅版画の制作を開始するのは11月28日である。同日の記事に〈銅版にグランドを引いたりする〉とあり、翌29日〈エッチングを久し振りではじめる〉、30日〈硝酸を買いに行き、馬場氏のための銅版大体腐食終わる、夜10：00にねる〉とある。12月5日〈馬場さんの句集のための印刷自分でやって見る。軀のために良し。11：30床、画室でねる。〉6日〈7：00起床、8：00より印刷始める〉〈馬場氏の作品四十枚すむ〉7日〈10：30までに馬場氏の仕事終わる〉と続く。（中略）19日〈馬場駿吉に銅版とEp.a.A. 4枚送る〉と記し、〈馬場駿吉への手紙〉の中に〈仕事への欲望が狂暴と言って良いくらいわいて来た〉と書いた旨を記している」（234）

中村稔は、駒井の銅版画展は名古屋で馬場の支援を受けて関心が広まったと、駒井の伝記『束の間の幻影』の中で述べている。更に、駒井の銅版画展は東京でも開かれた。

資生堂の図録『第一回　資生堂ギャラリーとそのアーテイスト達　没後十五年　ドプ番がの詩人　駒井哲郎回顧展図録』で、中村は「駒井哲郎の着色版画」と題して批評を以下のように書いている。

知られるとおり駒井は彼の最初の個展を昭和二十八年一月資生堂画廊で開いた。（略）着色版画の小品が好評であった。[6]

駒井哲郎の銅版画は、資生堂コレクションが所有する他に、世田谷文学館にもあり、展示されてきた。資生堂名誉会長・福原義春は自分を重ね、駒井哲郎という生き方があってコレクションとなった。

経済と芸術。この二つ、とかく対極に語られがちだが、それを見事に統合した希有な人物がいる。福原義春さんだ。日本を代表する大企業である資生堂の大改革をいくつも成し遂げ、現在も同社の名誉会長でありながら、企業メセナ協議会会長、東京都写真美術館の館長など、まさに経営者としても文化人としても、多大な功績を生み続けていらっしゃる。そんな福原さんが五十年以上をかけて五百点以上の作品を収集したという駒井哲郎という版画家、みなさんはご存知だろうか？　この度、リオープンする世田谷美術館のこけら落としとして、『福原コレクション　駒井哲郎一九二〇―一九七六』展が開催されると聞き、その膨大なコレクションを全て寄贈したという福原さんにお話しを伺った。なぜ、福原さんにとって駒井哲郎は特別だったのかを伺ううちに、氏が考える経済と芸術の関係性、これからを生き抜くために必要な力にまで話しは及んでいった。[7]

福原義春が「とくべつの感情」（『第一回　資生堂ギャラリーとそのアーティスト達　没後十五年　銅版画の詩人　駒

井哲郎回顧展図録』所収）と題したエッセイで、駒井哲郎との出会いを述べている。

昭和四十九年、資生堂ギャラリーで「九人の会展」があって、ほんの僅かの間、駒井さんとはじめてお会いすることが出来た。[8)]

福原義春は「駒井哲郎生誕九十周年」で駒井のコレクション展を企画して資生堂ギャラリーに展示している。

その後もグループ展などに参加を続け、くしくも生前最後の展覧会となった「九人の会展」も資生堂ギャラリーがその会場となりました。[9)]

馬場は上京した際、駒井を通して前衛芸術家たちと知己になった。詩人では瀧口修造、安東次男、大岡信、粟津則雄、中村稔、作曲家では湯浅譲二、武満徹、福島和夫、佐藤慶次郎、音楽評論家では秋山邦晴、美術家では山口勝弘、福島秀子、高橋秀、加納光於、そして瀧口修造は「実験工房」の組織を形作った。

馬場は耳鼻咽喉科医で研修も忙しく、俳句も作り、土日は六時間かけて東京へでかけ、駒井の紹介で、現代音楽や、暗黒舞踏に出会い、東京は刺激のある都会で元気が出てきた。二十代後半であったが、夜半に夜行で名古屋に帰ってきて、翌日大学に出かけた。大学では、同僚達が馬場の行動をうすうす感じていたらしかった。だが、馬場は名古屋市立大学では俳句の会はなく秘かに独りで作句をしていた。

駒井は長谷川潔を尊敬していた。長谷川はヨーロッパへ行きパリで生活上の黒に触れ、古い伝統や手法を修得した。当時ヨーロッパでは黒の背景は廃れていた。長谷川は黒を修得し復活させた。

一九一一年から十二年にかけて黒田清輝の葵橋洋画研究所や、岡田三郎助、藤島武二らの本郷洋画研究所で素描や油彩を習い始める。この頃から創作版画運動に刺激されて木版画を始め、一九一三年には文芸誌『假面（仮面）』の同人となって、表紙、口絵などを制作し、銅版画の研究も始める。一九一六年には、永瀬義郎、広島晃甫（新太郎）と共に日本版画倶楽部を結成した。

（長谷川潔は）西洋へのあこがれから、ついに一九一九年にフランスへ渡り、木版画、銅版画へとのめり込む。当時のヨーロッパでも既に忘れられようとしていたマニエール・ノワール（メゾチントのフランス語。黒の技法の意味）に魅了され、一九二四年にはその技法を独自に復活させることに成功した。

ペルソーといわれる道具で銅版上にまくれをともなう細かい傷をつけ、白くしたい部分を磨き上げることで制作する、凹版の直刻法であるメゾチントは、黒く艶のある面と色の諧調を作り出すことができる。製版だけではなく、刷りにもとりわけ大きな比重のかかる技法であり、長谷川は刷り師との共同作業で制作を進めた。その深みと静けさに満ちた作品はフランスでも高い評価を受け、日本に帰国することなく同地で没した。

〈長谷川潔の狐と葡萄　ラ・フォンテーヌ寓話〉は、その制作をほとんどマニエール・ノワールに限るようになった一九六三年の作品。黒い背景に狐の置物とぶら下げた葡萄のつるだけを配したもので、余白の大きなシンプルな構図は、東洋の花鳥画さえ思わせる。静謐さに満ちた円熟期の作風をよく表している。[10)]

長谷川は銅版の表面を傷つける時に使うペルソーを、パリで求めることが出来なくて、イギリスのロンドンにある古物展で手に入れた。長谷川はペルソーについて『白昼に神を視る』で語っている。

メゾチントの場合にはペルソーという特別な道具が必要でそれを技術書の挿画などで見ることはできても、本物はどこにもないいんですね。二、三年探しましたよ。パリで見付からずようやく英国製のものを手に入れたのが、一九二二年

です。(22)

銅版画を印刷するときに使うプレス機がある。長谷川が購入し日本に持ち帰ってきたプレス機は、ヴァン・ゴッホが精神科医のガッシェを版画で印刷した時に使ったものだ。長谷川はプレス機について『白昼に神を視る』で以下のように書いている。

実はそのような古い時代の木製印刷機を、フランスのオーベール・シュール・オワーズの村に住んでいた有名なドクトゥル・ガッシュ氏が所有していまして、セザンヌやヴァン・ゴッホの唯一の銅版画を刷ったりしたのですが、(略)僕はもう十数年前にその印刷機を、譲ってもらって永年僕が持っていました。(略)芸術大学で保存されることが決定し、(略)我国へ無事発送され、芸大資料館の陳列室に置かれることになりました。(33―34)

駒井はセザンヌ、ゴッホが刷った銅版画のプレス機のことを知っていた。中村稔は、前述の銅版画プレス機について『束の間の幻影』で次のように綴っている。

パリの長谷川家の、(略)大きな、昔ドクトル・ガッシェが使ってセザンヌやゴッホも使用したと云う古い頑丈な、時代のしみのやきついたエッチング・プレスが置いてある。(306)

駒井が舌癌を患った時に、馬場は駒井を二度東京へ病気見舞いで訪れた。馬場は、腐食剤の硝酸からガスが出、工房の換気が悪く、おまけに、駒井は硝酸を舐めガンになった。

長谷川潔は、戦時中もパリにいて、敵国民として牢獄に一か月入った経験がある。一九四三年ドイツがパリを制圧した。ルドンの少女の銅版画の絵は占領の圧力を感じさせた。また、駒井の銅版画にはルドンの銅版画からの影響を感じさせる。中村稔は駒井がルドンの銅版画から受けた影響を『束の間の幻影』に綴っている。

駒井は樹木によって再生したのである。自然との対話によって再生するのは、いわば一種の日本回帰なのだが、駒井の場合、これを媒介したのはルドンの素描による「樹木」であった。（184）

馬場は駒井から、ルドンが師と仰いだルドルフ・ブレスダンの作品を見せてもらう。氏は、駒井のところへ行くのが楽しみで、駒井に古本屋を紹介してもらった。その古本屋で馬場は寺山修司の詩集『血と麦』を入手した。

名古屋にある画廊のうち桜画廊は現代美術を扱う。藤田八栄子は、父が開業医で、岐阜の人であったが木更津にいた。

美術との関係で銅版画を見ていくと、駒井の作品を扱った、画廊と銅版画との間には重要な関係がある。

浜口陽三（一九〇九～二〇〇〇年）は、和歌山県に生まれて、東京美術学校を中退してから、一九三〇年に渡仏、西洋の古い技術を改良してカラーメゾチントを開拓した。氏は長らくパリを拠点とし、一九八一年にはサンフランシスコに移住した。フォルムからみていくと、浜口は、メゾチント、カラー、しんとした空間、さくらんぼの実が、大きな求心力になっている。浜口のコレクションがあるのだが、駒井は『銅版画のマチエール』について以下のように書いている。

メゾチントという技法があり、この技法はパリの長谷川潔氏が現代において創造的な版画作品として復活させたものであり、また浜口陽三氏もこれに似た技法を用いて制作しており、氏はまたメゾチントに色彩も加味されて、非常にみ

ごとな作品をわれわれは見て知っている。(108)

浜田知明(はまだ ちめい)は(一九一七年(大正六年)十二月二十三日―)大阪画廊イマリテ、日本の版画家・彫刻家である。日本の版画家が国際的に注目されはじめたのは一九五〇年代からである。浜田は、棟方志功、浜口陽三、駒井哲郎らと並び、第二次大戦後の日本を代表する版画家の一人に数えられる。浜田知明は存命で九十九歳である。

馬場によると銅版画は、作品が小振りなので、風呂敷に入れて商いをする。作家から直接渡してもらうことがあり、緻密さを具に見ることができる。従って作品に親密度が生じる。その関係が油絵と異なる。版画は、作家の気持ちを見る人に伝える。ここも油絵と異なる。版画は市民的な立場がある。俳句の場合、傍において作家と対話する。すると、より親密度が高くなる。[11]

馬場は、美術総合雑誌「REAR」の編集に携わり、近代現代美術の生き字引である。DOMANI展には、目配りしている。「DOMANI・明日展」は、それぞれの作家の「個展」をイメージし、美術部門全てのジャンル(油彩・日本画・写真・彫刻・現代美術・インスタレーション・現代陶芸・ガラス造形・工芸・ペン画・アニメーション・実験映像)から十二名の作家を紹介している。殊に、馬場は、美術界の明日を担う作家の発掘に捧げてきた。[12]

4 池田満寿夫と版画

馬場は、「売れない池田満寿夫のような画家はどの時代においても出てくる」という。氏は「なるべく若い人の作品を見ている。つまり若者に期待感を懐いている。若い人には版画が少なくない。版画は緻密な仕事なので、目立った仕事を見続けたい」と語る。

池田満寿夫や北川民次は版画を普及させた。池田の初期の版画はドアみたいに見える。氏は銅版画にカラーを導入した。馬場は池田満寿夫の銅版画を二点所蔵している。いっぽう、浜田知明は少年兵シリーズ、苦労した経験、社会的におかれた立場を描いている。その傾向は、重い版画にする。そして幻想、幽霊、土俗的作品にする。

ところで、社会の中の日常を描いた駒井哲郎は五十四歳で亡くなった。池田は昭和九年生まれで、六十四歳で亡くなっている。馬場は池田がアメリカに行っていて会えない時期があった。馬場は、『時の晶相』で以下のように綴っている。

（一九）六九年から十年ほど、氏（池田満寿夫）はニューヨークを主な居住地とすることになったので、出会う機会も減りはしたが、それでも東京の個展の折などには元気な顔を見ることが出来た。[13)]

馬場がイタリアのフィレンツェにいったとき、池田満寿夫は駅まで迎えに来てくれホテルを取ってくれた。馬場は、その時の模様を『時の晶相』で次のように綴っている。

（一九）八一年七月二十三日、フィレンツェでの学会が終わって夜遅くローマに入ったが、ちょうど満寿夫さんは映画第二作『窓からローマが見える』を制作中。そのロケ隊が宿泊しているヴィラの一室を空けてもらって一泊させていただいた。

池田は『窓からローマが見える』の映画をローマで撮っていた。馬場はそこで、池田と佐藤陽子に会った。池田は世に出る時の様子を、『私の調書』で赤裸々に語っている。

一九五七年の一月、私は瀧口修造氏から一通の手紙を受け取った。神田のタケミヤ画廊で毎年開かれていた銅版画展に作品を出品していただきたい、という依頼状だった。[14]

馬場は、「池田は色々やる。陶器もやった。池田はいつもにこやかであった」という印象を懐いていた。いっぽう、土方巽は暗黒舞踏の前衛舞踏家でおどろおどろしかった。馬場は池田満寿夫について『時の晶相』で左記のように語っている。

満寿夫さんとの直接の出会いも、やはり土方巽の暗黒舞踏公演の折だった。満寿夫さんの自伝『私の調書・私の技法』(一九七六年、美術出版社刊)によると、土方巽や俳人・加藤郁乎に初めて舞台美術への協力を要請されたのは六三年春だったとのこと。それならば土方巽の周辺にはちょうど同じころから頻繁に足を運びはじめたということになるのだ。満寿夫さんの交友関係も瀧口修造、澁澤龍彦などを中心としてこのころから急速に拡大し、一方、六六年にはベネチア・ビエンナーレ展版画部門で大賞を得るなど、国際的にも高い評価を受けるところとなった。(234)

池田は国際的なベネチア・ビエンナーレで受賞し、油彩、版画を制作した。池田は、一九五七年にグレーパール、ビルク・ローマンの多色刷りで文部大臣賞を受賞した。氏はグローマン博士との関係を自著『私の調書』で以下のように書いている。

グローマン博士の強力な主張で受賞してからも、私の作品の評価は必ずしも好ましいものではなかった。(90)

池田はリーバーマンの推薦で、ニューヨーク近代美術館で日本人初の個展をひらく。戦後池田は、版画を手掛けることになった。氏はリーバーマンについて『私の調書』で以下のように書いている。

リトグラフをはじめたのは、ニューヨーク近代美術館のリーバーマン氏の推薦によるものだった。(192)

馬場は、池田の銅版画を例にとって、「俳句のインスピレーションを銅版画から受け取ることが少なからずある」という。氏は「生誕八十年私の中の池田満寿夫」(『信濃毎日新聞』二〇一五年三月二十日)のなかで、駒井哲郎から池田へと銅版画の世界観が展開する経緯と俳句の新機軸のきっかけとなった関係を以下のように纏めている。

俳句とは、短い詩型に大きな熱量を含んだ言葉を封入すること—その意味の重さを、狭少な画面の中にさまざまなイメージを刻みつける銅版画が再認識させてくれたのである。それは国際的に高い評価を受けることになる池田満寿夫の世界へと私を導き入れる、戸口を示すものでもあった。

馬場は「今でも版画を見る、殊に若い人の版画を見るという。小さい作品、小さい力、海外で日本の版画は評価受けている」と語った。

5　松尾芭蕉と現代アーツ

松尾芭蕉の研究家は海外に多い。俳句の短い言葉は、みな、すべからく俳句といわれている。俳句は、小さい十七文字の中に、宇宙を封じこめてしまう力がある。嵐山光三郎は、『芭蕉紀行』のなかで、次のように書いている。

芭蕉は杜国と別れる時に、

白げしにはねもぐ蝶のかたみかな

という句を贈っている。これは恋の句である。白げしは杜国のことで、はねもぐ蝶は芭蕉で、自分のことを羽をもがれた蝶だと言っている。四十二歳の芭蕉は二十九歳の杜国に恋していた。

「芭蕉は旅先で美少年をみると、手をつける」

と私が言うと、駿吉さんは上品だから、あまりこういう話にはのってこない[15]。

馬場の俳句をハイブリッド感覚で見ていくと、句画集『海馬の夢―ヴェネツィァ百句』はイタリアの詩人ルイジ・チェラントラによってイタリア語に翻訳された。北川健次が句画集の装丁をした。作曲家マリーノ・バラッテロが、『海馬の夢―ヴェネツィァ百句』から着想を得て新曲を発表した。ヴィバルディ孤児院では、音楽家を育てるが、サンタ・マリアデッラ・ビエタ教会で、バラッテロが『海馬の夢―ヴェネツィァ百句』に曲をつけて、馬場がそれらの俳句を詠んだ。音楽会には武満徹の研究家が参加していた。

馬場は「俳句は、共通して小さいものに対する関心、宝物、宝庫を意味する。最近、もう一度俳句のブームが来ると思う。その兆しとして、国中の美術が西洋と同一のレベルに向上している」と語った。

6　まとめ

馬場は、第二次世界大戦後、俳句に行き詰まってから、駒井哲郎の小振りの銅版画『束の間の幻影』と出逢い、十七文字の俳句のミニチュア世界は宇宙のように広大なのだと悟った。

松坂屋名古屋店の南館六階で日本巨匠銅版画五人展長谷川潔・浜口陽三・駒井哲郎・池田満寿夫・浜口知明二〇一五年二月二十五日―二〇一五年三月三日が開催され、その時期に合わせて、馬場の講演会があった。馬場が駒井の銅版画

『束の間の幻影』との出逢いよって、氏の俳句にどのような影響をもたらしたのかをその真相を明らかにする講演会であった。

馬場は、句画集『断面』の普及版と特装版、及びエッセイ集『時の晶相』の中に挿入された池田満寿夫、佐藤洋子、馬場が写った写真を提示して説明してくださった。句画集『断面』の普及版と特装版と、池田満寿夫、佐藤洋子、馬場が写った写真を視聴者に提示しながら、馬場と銅版画とのアリバイを提示されたわけである。駒井哲郎も池田満寿夫も存命しない時代に、馬場と二人の銅版画家を結びつけるものこそ、句画集『断面』と池田満寿夫、佐藤洋子、馬場とが写った写真であった。つまり、高齢な馬場が俳句と銅版画を結びつける場に居合わせたことこそ、俳句と銅版画の運命的な出会いの意義を雄弁に物語っていたのである。

馬場が語る駒井哲郎も池田満寿夫も永い修業と苦節を経て銅版画のイノベーションを達成した。氏は、「売れない池田満寿夫のような画家はどの時代からも出てくる。なるべく若い人の作品を見る。若者に期待感を懐いている。若い人には版画が少なくない。版画は緻密な仕事なので、目立った仕事を見続けたい」と語って、講演を終えた。馬場は、駒井の初期の苦難の時代に会い、『束の間の幻影』に導かれて、句画集『断面』を駒井と共にコラボレーションとして共作が完成したのである。氏は、駒井との出会いによって、瀧口修造に会い池田満寿夫とも出会いを成就した。

馬場は自ら作句して、『海馬の夢―ヴェネツィア百句』を発表、音楽と絵画とのコラボレーションを行いレベルを高めた。

馬場がハイブリッドな俳人へと駆り立てたのは駒井のアドバイスであった。駒井は、馬場に、フランスの詩人とのコラボレーションを明らかにし、ルドンの銅版画に音楽性を認め、『束の間の幻影』はセルゲイ・プロコフィエフが一九一五年から一九一七年に作曲したピアノ曲『束の間の幻影』を連想させるものだと語った。

池田満寿夫は、銅版画に色彩を描きこんで新しいスタイルを確立した。馬場が先に述べたように、池田は、銅版画ばかりでなく、小説や、映画や、壺の彫刻も手掛け多才ぶりを発揮した。

馬場は、俳人で科学者でもある。かつてレオナルド・ダ・ビンチは絵描きである前に科学者であると述べた。氏は、俳句と銅版画によるコラボレーションから、俳句の「不易」と、日進月歩の科学の「流行」をハイブリッドな組み合わせで「不易」と「流行」を結びつけてみせた稀有な俳人である。それによって、馬場は、更に、銅版画ばかりでなく、異種の音楽も合体した、俳句のイノベーションの世界、『海馬の夢―ヴェネツィア百句』を発表し、新たなハイブリッドな俳人による芸術を展開し続けている。

注

1）馬場駿吉「私の蒐集四十年の歩みをふり返って」（『版画芸術』121　阿部出版、二〇〇三）、48頁。

2）『資生堂ギャラリー七十五年史　1919—1994』（富山秀男監修　一九九五年　資生堂刊）に所収。日本の創作版画史上に異彩をはなつ西田武雄は、今ではその名を知る人も少ないだろう。銅版画の作家、啓蒙家としても多彩な活躍を示し、資生堂ギャラリーでも多数展覧会を主催している。駒井哲郎の師匠といった方がいいかも知れない。自作には銅版特有の細い線によるハッチングで明暗を強調した人物像を多く残している。銅版画家としての評価こそ低いが、日本に初めて登場したプロフェッショナルな画商、エディターとして、今後その再評価が必ずなされるに違いない。著書に『エッチングの描き方』『画工志願』などがある。

他のエッセイ〈『資生堂ギャラリー七十五年史』の編纂を終えて〉に書いた通り、一九九〇年から九五年の足掛け六年にわたり、私は「資生堂ギャラリー史編纂室」という名刺を貰い、現存する日本最古の画廊史の調査編纂作業に没頭していた。736頁の大著の大半は資生堂で開催された展覧会の詳細な記録で埋め尽くされている。膨大な記録だけでは読む人も辛かろうと、四九名の執筆者による一九一本のコラムを掲載した。資生堂ギャラリー史に登場する有名無名の人々へのオマージュである。私以外の四八名は錚々たる第一線の研究者だが、「版画は綿貫が専門だから」と、恩地、今純三、西田武雄らについては、編集者の分際で私が書かせていただいた。www.tokinowasuremono.com/nv05-essay/

essay.../nishida.html

3）中村稔『束の間の幻影』（新潮社、一九九一）、57頁。以下、同書からの引用は頁数のみ記す。

4）長谷川潔『白昼に神を視る』（白水社、一九九一）、11—12頁。以下、同書からの引用は頁数のみ記す。

5）駒井哲郎『銅版画のマチエール』（美術出版社、一九七六）、１８５頁。以下、同書からの引用は頁数のみ記す。

6）『第一回　資生堂ギャラリーとそのアーテイスト達　没後十五年　ドプ番がの詩人　駒井哲郎回顧展図録』参照。

7）www.cinra.net/interview/2012/04/25/000000.php 2015/05/06

8）福原義春「とくべつの感情」（『第一回　資生堂ギャラリーとそのアーテイスト達　没後十五年　ドプ番がの詩人　駒井哲郎回顧展図録』所収）

9）本展は駒井哲郎生誕九十周年を記念して、世田谷美術館に寄託の資生堂名誉会長・福原義春の駒井哲郎のコレクションから。www.shiseidogroup.jp/gallery/exhibition/.../past2010_05.html 2015/05/06

（長谷川潔狐と葡萄　ラフォンテーヌ寓話）www.art.tokushima-ec.ed.jp/text/yomi/1130384_1.html 2015/05/06

10）濱田富貴（銅版画※二〇一三年制作〝自分が経験の無いお寺という場所でどのような展示空間が出現するのか、とても楽しみにしています。〟一九七二年生まれで、東京在住、二〇〇〇年武蔵野美術大学大学院造形研究科美術専攻版画コース修了する。二〇〇九年（平成二十一年度）文化庁新進芸術家海外研修員／ユバスキュラ・フィンランド（〜二〇一〇）【個展】二千一二年「FUKI HAMADA The formation of the world」ＳＮＡＰ Ｇａｌｌｅｒｙ／カナダ二〇一三年「濱田富貴 展 —万象—」ギャラリーなつか／東京（'07・11）「濱田富貴 展—世界の片側」ギャラリーＭ／愛知（'07・11）

11）朝日新聞「歌壇俳壇」八月—十月 挿絵担当【グループ展】二〇〇七年「あおもり国際版画トリエンナーレ二〇〇七〔大賞受賞〕国際芸術センター青森（'05スポンサー賞）二〇〇八年「ＥＰＩエドモントン国際版画展二〇〇八〔作品買上賞〕エドモントン／カナダ二〇一一年「第八回高知国際版画トリエンナーレ」〔佳作賞〕いの町紙の博物館／高知（'05同賞）二〇一三年「都美セレクション 新鋭美術家二〇一三展」東京都美術館／東京 ◎作品展示期間中毎日 終日 本堂」domani-ten.com/artist/exhibition/fuki_hamada.php 2015/05/06

12） domani-ten.com/ domani-ten.com/2015/05/06

13） 馬場駿吉『時の晶相』（水声社、二〇〇四）、２３４頁。以下、同著からの引用は頁数のみを記す。

14） 池田満寿夫、『私の調書』（角川文庫、一九七七）、71頁。以下、同著からの引用は頁数のみを記す。

15） 嵐山光三郎、『芭蕉紀行』、（新潮文庫、二〇〇四）１２１頁。

第四章　多面体としての馬場駿吉〜松尾芭蕉とサミュエル・ベケット〜瀧口修造に見る短詩型の「余白」

清水　義和・清水　杏奴

1　はじめに

松尾芭蕉が著わした発句、連句、俳文、書簡、紀行文は、国文学だけでなく、世界中の前衛芸術活動にも広範囲にわたって影響を与えている。そのインパクトを概観しただけでも、サミュエル・ベケット、マブソン・ローラン、ドゥーグル・J・リンズィー、アーサー・ビナードらの芸術活動に余翳を残している。芭蕉の発句集、俳諧集（『冬の日』『春の日』『曠野』『猿蓑』他）、紀行文『甲子吟行』『鹿島詣』『笈の小文』『更科紀行』『奥の細道』他、『嵯峨日記』、『書簡集』などは、今日もなお様々な文化を刺激し脈々と浸透し続けている。

馬場駿吉は、「俳句の復権」（『星形の言葉を求めて』所収）の中で、高橋睦郎が『現代詩手帖』（一九七〇年十二月号）で当年度中に発表された詩作品のアンソロジーとして「現代詩」ではなくて、伝統詩型である俳句や連句作品を推薦していたのに目を停め「短詩型文学の現代における存在理由の証言を得た」と述べている。そして次のように俳句の意義を論ずる。

私たちの俳句雑誌『青』にかつて三島由紀夫が「俳句と孤絶」と題するエッセーを寄せてくれたことを思い出す。その中でも「人間の追いつめられた限界状況と俳句のような短い形式的な制約がみごとに符合するときそこに魂の火花が飛び、孤絶の目のみが見得る世界がひらけるのであろう」と俳句の現代における可能性が示唆されていた[1)]。

芭蕉の先行研究は、『芭蕉追善』(寛文二年(一六六二)〜元禄十七年(一七〇四・二・二四)、『丈草集』(雁来紅社、一九二四)などがあり、芭蕉および蕉門の俳人たちの業績を倶に辿ることができる。「芭蕉行脚図—許六筆」は、芭蕉が「おくのほそ道」を執筆した元禄六年(一六九三年)の春に門弟許六が描いた画である。芭蕉存命中の作品であることから、「おくのほそ道」の旅姿が忠実に描かれ、芭蕉の晩年の顔立ちもこれに近いものと推測される。

西洋に於ける俳句研究はめざましく、ベケットをはじめ、多くのアーティストたちの作品に共通するもので思い出されている。特に、ベケットの作品は後期になるに従い短くなる特徴があり、また、ベケットが故国アイルランドを出奔し、フランス、ドイツ、ロシア、スペインに旅して絶えず自らのアートを更新し続けたが、その絶え間ない努力は、芭蕉が俳句の新機軸を求めて日本各地を旅して革新的な俳句の刷新を図った精神と一脈通じるものがある。

本稿では、瀧口修造、駒井哲郎、馬場駿吉の業績を辿りながら、殊に、馬場が俳人、名古屋ボストン美術館館長、耳鼻咽喉科の医学者であり、その複眼的な眼差しを通して、芭蕉、瀧口修造、ベケットに共通してみられる短い言語表現の意味を探求し続けた業績を辿る。

2　馬場駿吉と俳句

父は名古屋の大須付近に医院を持つ耳鼻咽喉科開業医で、その長男として生まれた。「大阪観音界隈の庶民的な雰囲気が幼児期の記憶と深く繋がっている」という言葉が回想として述べられたことをふと思い出す。小学校六年生の頃、戦争が激しくなり、父の出身地、愛知県の木曾川近辺の北方村(現在一宮市)に、家族で引っ越し、以来成長期は田園のなかで過ごした。名市大医学部教授に就任した直後に、父を亡くしそれを機に名古屋の千種区に家を建て、定住した。さて氏が中学（旧制）に入学して四カ月で終戦になった。軍事教練のある授業から一転して、墨で黒塗りされた教科書を使った勉強となり、混乱を極めた時代だった。だが、世の中の変転を子供心ながら体験したことは、後年になって振り返ると世の中を多面的にとらえることの必要性にめざめるきっかけになったと考えてよいかも知れない。新制高校となって、課外活動が変わり、新しく文芸部ができた。氏は文学に関心を懐いていたから、文芸部に入部し、新しい雑誌を創刊して、二代目の編集長を務め熱心に活動した。当時、文科系の志望が強かったが、結局医学部に進学した。父から医学への道をすすめられたことはなかったが、森鷗外、斎藤茂吉など医学と文学の両道を歩いた巨匠たちもあるからとあまり深刻に悩むことなく、ともかく医学の道を選ぶことになったという。

馬場の文学活動の原点は終戦直後の中学生の頃、父が叔父たちと、家で俳句会を開くことになり、見様見真似で作句を始めたことに求められる。その辺の事情は自著『時の晶相』に収録の「交友のビックバン前夜―俳壇の諸先達・句友たち」の中で次のように回顧している。

「私が今も創作活動の源泉にしているのは俳句である。句作に熱中し始めたのはたしか中学三年生ころ。戦後まだ二年ほどで娯楽にも乏しく、親戚の者たちが集まって句会でも、ということになったのである[2)]」と。

その中でさらに小学校四年生の頃、肋膜炎でおよそ一学期間休学した折の体験が付け加えられている。病床の氏に与えられたのは、相馬御風著『一茶さん』。子ども向けに俳句の心が書かれたこの本について、以下のように回想する。

大人たちに混じって句座に連なろうという気になったのは、小学四年生の時に読んだ相馬御風著『一茶さん』という児童向け伝記の残像が濃かったからかもしれない。当時、『雀の子そこのけそこのけお馬が通る』をもじった俳句らし

きものを書きとめた記憶がうっすらとある。（20—21）

馬場は、名市大学医学部に入学後は、橋本鶏二を始め、ホトトギス派の有力俳人の主宰する句会に熱心に参加した。当時、京都大学のフランス文学者の桑原武夫が論じた「俳句第二芸術論」がしばしば話題にされた。「俳句は日本語圏でしか通じない、仲間うちでしか理解されないのではないか」というのが桑原の指摘だった。ただし、桑原は「俳句第二芸術論」で芭蕉以降の俳句全体の歴史を指して批判したのではなく、戦後の現代俳句が非常に難解で抽象的な言葉を使っていたのを論難したのであった。馬場は「俳句第二芸術論の逆説的解釈」（『星形の言葉を求めて』）の中で次のように回想する。

そのころ、すでに俳句に身を染めていた私は、この著者（桑原武夫）の俳句第二芸術論に、大きな反発を感じながらも、氏の俳句批判の基本に何があるかを、はっきり見極めたいという気持ちがつよく働いていたように思う。（１８６）

馬場は、桑原に批判的だったが、部分的には納得する箇所もあった。ことに桑原武夫がその著書岩波新書『文学入門』巻末に挙げている第一芸術たる「世界近代小説五十選」に実際に接して、広大な世界文学を知ることも大切と考え、医学部の学生であったが、多忙な授業の合間を総べて「世界近代小説五十選」の読書に当て殆どを読破した。氏は続けて以下のように回顧する。

わけても巻末の「世界近代小説五十選」としてあげられていたボッカッチョの『デカメロン』にはじまる西洋文学のリストは、その後の学生生活を通じての読書に大きな道しるべとなった。そして、このような世界文学の広野を読み進んで行っても、一粒の水滴のような東洋の短詩・俳句の輝きは、私の目から消え去ることはなかった。（１８７）

近代小説では、トーマス・マンの『魔の山』、ロマン・ローランの『ジャン・クリストフ』、ロジェ・マルタン・デュ・ガールの『チボー家の人々』から、古典ではジョヴァンニ・ボッカッチョの『デカメロン』まで読了した。桑原の挙げた小説は長編が多かったので、氏は夏休みを殆ど読書に費やしたという。医学の世界は日進月歩で次々に発表される新しい専門知識を学ばなければならず、ましてや医学の最先端に立って研究、教育、臨床に従事することになれば、時間をかけて長編小説を読むことは不可能と言わざるを得ない。氏は学生時代だったからこそ長編小説を読破できたと回想し「若いときに、読書によって人間としての基礎をつくる体験ができて良かった」と回顧する。

大学進学後『ホトトギス』に投稿したり、雑誌「年輪」を主宰した橋本鶏二が組織した「青雲会」に参加して研鑽し、一九五九年『ホトトギス』(七五〇号)の雑詠選で自作が巻頭に掲載された。一九五七年には年輪賞、一九五九年に四誌連合会賞を受賞し、これまでに、句集は『断面』(一九六四)『薔薇色地獄』(一九七六)『夢中夢』(一九八四)『海馬の夢—ヴェネツィア百句』(一九九九)『耳海岸』(二〇〇六)を刊行した。評論は現代美術論『液晶の虹彩』(一九八四)舞台・映像論『サイクロマの木霊名古屋発・芸術時評一九九四—七〇年代の芸術家たちの私的交友』(一九九八)エッセイ『星形の言葉を求めて』(二〇一〇)を上梓した。倖いに俳句は超多忙であっても成立可能な文学であり、評論、エッセイ集は深夜の執筆活動によって医学領域と共存させ得た文学的産物といえるのだろう。

馬場は耳鼻咽喉科の専門医で俳人であるが、医学と芸術を結ぶものは何かと絶えず考えてきた。つまり、芸術領域は人間を対象としていて、人間とは何かを追求するものであるけれども、医学も人間が対象をしているという信念があった。氏の考えでは、専門医は患者も病気だけを診るのではなく、人間を観察しなければならないと述べている。また、「医学と芸術との間で」の中に次のような言葉がある。

医学の現役中にはさまざまな芸術領域から、新しい研究へと向かうヒントや力をもらった。(16)

馬場はこれまでずっと医学を専門にしながら、美術・音楽を同時に考えることが一貫して続いた体験に基づき、「医学と芸術とは、アプローチの方法が違ったとしても、人間の精神と身体を深く見つめることにより未開の分野を切り拓くという点では、多くの共通基盤がある」と述べている。医学も芸術も、人の心を癒すとともに、未知なものへの好奇心を刺激する。だから芸術は、真理をさぐる医学への活力を奮い立たせてくれる強壮剤でもあるのだろう。

馬場は海外へ旅行したとき、俳句は手元に手帳がありさえすれば、訪れた土地の風景、色彩、感動を短い詩的表現に結晶させ書き留めることができるという魅力は最近世界の人たちをもとらえている。

馬場がヴェネツィアを最初に訪問したのは一九七〇年代であった。水の都ヴェネツィアの旧市街には車や自転車はなく、俳句を作りながらぶらぶら歩くには安全で快適であった。氏はヴェネツィアの四季の変化と、ワインのような香気に誘惑され、その後十回ほど訪問し、その度毎にオマージュとして捧げた句を纏め句集『海馬の夢―ヴェネツィア百句』の上梓を計画した。その時句集の装幀を依頼した美術家北川健次は、この句集に因んだ箱形のオブジェの創作を提案し、氏の友人で愛知県美術館の学芸員拝戸雅彦には当地に留学中に得た親交の中にイタリアの詩人や様々な領域の芸術家たちとのネットワークがあった。そこで、拝戸の仲立ちで、詩人のルイジ・チェラントラが『海馬の夢―ヴェネツィア百句』をイタリア語に翻訳したが、その結果として、それは史上初の日伊対訳個人句集となった。装丁は版画家の北川健次に依頼したものであった。また、

オブジェ前面のガラス板にイタリア語に翻訳した句を刷り込みたいとの希望が表明された。そこで句集『海馬の夢―ヴェネツィア百句』に因んだ箱型のオブジェの一部に、イタリア語に翻訳した句を刷り込むという希望を提案した。馬場が句集『海馬の夢―ヴェネツィア百句』を刊行しておよそ半年後、ヴェネツィアの著名な作曲家・指揮者のマリーノ・バラテッロが、句集を題材に新作の声楽曲を作曲し、更にサンタ・マリア・デッラ・ビエタ教会聖堂で初演する計画があると提案した。歌はヴェネツィアに在住の日本人ソプラノ歌手、松島理恵が担当する予定になった。馬場は「俳句の

国際化」で次のように述べた。

その時、俳句に関するシンポジウムも開かれたが、最後に聴衆から、俳句の日本語としての響きを楽しみたいので音読して欲しいという要請があった。詩は朗読されるものだ、というヨーロッパの伝統の確かさが、その時の熱い拍手からも身に伝わって来た—日本の詩歌も本来そうなのだが。ともかく俳句の国際化は急ピッチだ。(55)

『海馬の夢—ヴェネツィア百句』に基づいた新作の声楽曲が二〇〇一年にイタリアのピエタ教会聖堂で初演され、次いで二〇〇五年には名古屋の電気文化会館内のザ・コンサートホールで『海馬の夢—ヴェネツィア百句』の上演があり、更に二〇〇七年『RENKU 水都孤遊』と題した演奏会が宗次ホールであったが、少しずつ形を変えながら『海馬の夢—ヴェネツィア百句』に因んだ新作の声楽曲が作曲され初演された。

馬場の句集『海馬の夢—ヴェネツィア百句』では、俳人と医学者との二つの視点が濃厚に伺われる。周知のとおり「海馬」は人間の記憶の中枢でもある。

馬場は句集『耳海岸』の解説で、長期にわたり、俳人で同時に耳鼻咽喉科学にも携わってきたことにより、その事が句集に強い影響を与えたと暗示的に語っている。また、佐谷和彦の著書『原点への距離』に収録された佐谷との対談で次のように語った。

耳を作る手術を改良し約五百人の子供さんにさせてもらいました。[3)]

馬場は三木富雄の彫刻『耳』に触発され、当時米国のタンザー博士が発表した耳介形成術を改良し、自ら耳鼻咽喉科医として先天性耳介欠損に対する形成手術に専念することになった。

この頃、馬場は若い頃とは俳句のイメージががらりと変わってきたと実感した。俳句は今や世界に広がっているが、俳句が狭い日本文学にとどまるのではなくて、国際的にも関心を持たれるようになってきたと考えるようになった。

馬場は、銅版画家の駒井哲郎や加納光於と知り合いになったが、殊に、美術展を本当に身近に感じたのは、一九六一年、愛知県美術館の一階の貸ギャラリーで『駒井哲郎作品展』を観たときであった。こうして駒井哲郎の銅版画と運命的な遭遇を遂げたが、銅版画を纏めて観た経験は初めてであった。当時、俳句は〝第二芸術〟と言われ、句作をやめてしまおうかと悩んでいた頃だった。だが、銅版画という小さな画面に、宇宙の核心を描いていることに驚き、勇気を与えられたのであった。その後、馬場は名古屋のギャラリーで、また駒井の銅版画作品を観た折り、駒井の銅版画『束の間の幻影』を是非入手したいという強い欲望が沸き起こって購入した。駒井の銅版画『束の間の幻影』は、当時氏が勤めていた医学部助手の初任給の一万二千円に近い価格一点八千円前後だったけれども、分割払いを申し込んで遂に購入したのであった。こうして、駒井の銅版画『束の間の幻影』は馬場の最初のコレクションとなった。氏は、「銅版画『束の間の幻影』を鑑賞する時には、身近に置いて、細かいところを詳細にきちんと鑑賞するのがよい」と語っている。

馬場は、一枚の絵画に比べると如何にも小振りな銅版画『束の間の幻影』と出会った頃、実は世界で一番短い詩の俳句をやめようと考えていた。けれども、小さな銅版画を観ていた時、特に銅版画『束の間の幻影』を見た時、その版画が何か訴えてくる気がして、ふと我に帰り気を取り直し俳句もきちんと細密描写しなければいけないと考えることになった。氏は、最初の句集『断面』を駒井哲郎に装丁してもらおうと熱望し、画廊の主人に紹介してもらい、俳句の原稿を持って東京の駒井のところに出掛けた。だが、駒井は馬場の依頼を引き受け、「フランスでは詩集にオリジナルの銅版画を入れることが多いけれど、そういうことをしないの?」とアドバイスしたり、神田にある昭森社を紹介してくれたりした。ところが、その一カ月後、駒井は交通事故に遭って、丸一年くらい入退院を繰り返し、その結果再起第一作は馬場の句集のための作品となったのである。

駒井は五十六歳という若さで亡くなったが、詩人の中村稔はその没後駒井の伝記を執筆して、馬場の装丁を早くやらなければと、恢復期の日記に書いていたことを文中に特記している。中村稔が綴ったこの駒井の伝記は『束の間の幻影』という銅版画そのままのタイトルで、読売文学賞（評論部門）を受賞した。駒井は、シュルレアリスムの詩人・瀧口修造を支えにした新進気鋭の芸術家たちが切磋琢磨したグループ「実験工房」に加わっていた。作曲家の武満徹や詩人で音楽評論家の秋山邦晴もいた。馬場は駒井を知ることによって、色々な芸術家たちと交流できることになったのであるが、俳句は古い体質的なものを抱えていることに気遅れがして前衛芸術家の前で「俳句をやっています」と言うのが恥ずかしいときがあった。その後馬場は加納光於に出会った。駒井は銅版画家として最先端の仕事をしていた。馬場が、駒井の展覧会を観た後の一九六三年、同じギャラリーで加納光於展が開催された。そのとき加納と親しかった歌人の春日井建に会い、交際が始まった。春日井は早くから新しい美術領域に目をつけた歌人であった。春日井が二十歳頃に出した歌集『未青年』の序文に三島由紀夫が「現代はいろんな点で新古今集の時代に似てをり、われわれは一人の若い定家を持ったのである」と賛辞を記し、デビューを祝福された。氏は俳句のような短詩定型こそが言葉の繊細さを示す器だと言うことを示すことが必要だと考え、一九六五年俳句同人誌の『点』を創刊した。創刊号には、現代芸術最前線の人にも執筆してもらいたいと考え、武満徹や大岡信にも原稿を依頼し掲載した。

加納は銅版画家として出発したが、いまは油彩が多く、馬場の本や前述の同人誌『点』の装画やカットを描いた。その一九六〇〜七〇年頃、領域を越えた様々な芸術家たちとの付き合いが始まったが、なかでも駒井は特に大恩人となった。

馬場は、プロコフィエフ作曲の『束の間の幻影』という音楽があることを後で知ったが、これは駒井の銅版画と同じタイトルである。駒井自身も銅版画『束の間の幻影』には「音楽的な感覚がこの絵にもある」と語っている。

3　松尾芭蕉とサミュエル・ベケット

馬場駿吉は、名古屋市博物館で二〇一三年十月十四日に「現代に生きる芭蕉」と題し、松尾芭蕉作『冬の日』についてDVDをプロジェクターでスクリーンに映写しながら講演を行った。因みに、瀧口修造は、アニメーションには独特の特殊性があり、その効能は計り知れないものがあると述べた。特に『冬の日』のDVDに収められているアニメーションは川本喜八郎監督が選び依嘱した世界一流のアニメーターであるユーリ・ノルシュテイン、大井文雄、野村辰寿、鈴木伸一、福島治、石田卓也、ラウル・セルヴェ、守田法子、島村達雄、奥山玲子、小田部羊一、アレキサンドル・ペトロフ、米正万也、久里洋二、うるまでるび、林静一、一色あづる、ブシェチスラフ・ポヤール、保田克史、片山雅博、マーク・ベイカー、伊藤有壱、黒坂圭太、横須賀令子、浅野優子、ＩＫＩＦ、王柏栄、高畑勲、ひこねのりお、森まさあき、古川タク、コ・ホードマン、ジャック・ドゥルーアンが、独自の想像力によって解釈して造形した動画である。ＤＶＤで『冬の日』の鑑賞が終わった後で、再び、紙媒体の『冬の日』に眼を通すと、それまで気がつかなかったアニメーションと朗読とが『冬の日』の文字の行間から浮かんだ。所謂、瀧口修造がいうアニメーション効果は忽ち現れて現実のもとなったのである。馬場は「連句の現代性」の中で、アニメーションの効用を次のように紹介した。

松尾芭蕉の作風が確立したのは、名古屋の連衆と巻いた歌仙（連句）「冬の日」であるとされている━川本喜八郎監督はその一句一句を国内外の有力な作家に分担してもらいアニメーション化するという壮大な構想が立ち上げられ、ゆかりの地名古屋に取材かたがた来られたのである。その折、蕉風発祥碑などを案内する機会に恵まれた。(42)

芭蕉は紀行文を『冬の日』の他に『春の日』『曠野』『ひさご』『猿蓑』『炭俵』『続猿蓑』に書き綴った。芭蕉は病弱でありながら不治の病と闘い旅をして俳句を詠み、紀行文を認めたが、その人生は後世俳句が著しく興隆する源流となった。芭蕉は西行法師を手本としており、芭蕉の旅姿は出家した修行僧の趣があった。因みに能の『江口』では西行と江口の君（遊女）が舞台に登場する。芭蕉は『奥の細道』で遊女と話をする場面を挿入しているが、芭蕉に同行した弟子の河合曾良が表した『曾良日記』によると、芭蕉が遊女と話をした記述はない。芭蕉の『奥の細道』は『曾良日記』と異なり、旅の後で回想しながら纏めた紀行文である。ハロルド・ピンターが『昔の日々』でアンに語らせている台詞に「起こらなかったことも覚えていることがある」があるが、芭蕉の生み出した俳句はイマジネーションを喚起させる業があり、芭蕉が夢見た宇宙観であった。

ANNA There are some things one remembers even though they may never have happened. There are things I remember which may never have happened but as I recall them so they take place.[4)]

名古屋の劇団トライフルが片山雄一作演出で『江口君と私』を二〇一三年十二月五日ナンジャーレ劇場で公演した。トライフルの『江口君と私』は、能の『江口』の時代の空気を二〇一〇年代の劇空間にタイムスリップして上演して見せた。トライフルの『江口君と私』は、現実では起こりそうもない事件が、舞台では実しやかに進行しているといった特権的な違和感があった。特に、女性の方が江口君と同居したいと申し出る場面はありそうもない話だと思わせた。これは、『奥の細道』で娼婦が芭蕉の旅に同行したいと申し出る場面を彷彿とさせた。だが、能の『江口』では、西行が遊女に一夜宿を借りたいと申し出て断られる。

視点を日本からアイルランドに移して、サミュエル・ベケットを見る事にする。ベケットは故国アイルランドを出てヨーロッパを遍歴した。同じアイルランド出身のオスカー・ワイルドやバーナード・ショーやジェイムズ・ジョイスも祖国を捨てた。殊に、ベケットが異質なのは、作風やスタイルは詩も劇も言葉が次第に短くなる傾向が顕著だった。

馬場はベケットを三十年以上にわたり研究してきた。さて、二〇一三年八月から十月にかけて、愛知県で二回目となる国際芸術祭「あいちトリエンナーレ２０１３」が開催されたが、馬場が委員を務め、ベケットの『しあわせな日々』、『クラップ最後のテープ』が企画上演された。

田辺剛（京都　下鴨車窓主宰・アトリエ劇研ディレクター）はベケット作『クラップ最後のテープ』を七ツ寺共同スタジオで二〇一三年十月一日に上演した。ベケットのドラマは台詞の言葉が曖昧になる偏りがある。たとえば、ベケットの『しあわせな日々』では、女優の声はあたかも子宮のなかで胎児が母親の声をぼんやりと聞いているという特質があった。ただでさえ、ベケットの芝居は、声が曖昧になる傾向があるのに、それに加えて言葉が短くなる偏向があり、しかも、後期になると、台詞がますます短くなった。

4　サミュエル・ベケットの『ゴドーを待ちながら』と『しあわせな日々』

ロンドン大学演劇学部で、一九九四年、筆者たちは『ゴドーを待ちながら』を独演した際に写実劇、パントマイム、シュルレアリスティック、歌舞伎風と様々なジャンルで演じる課題があった。ベケットといえば不条理劇だという思い込みがあった。その後、筆者らが日本へ帰ってから、様々な演劇人が『ゴドーを待ちながら』を上演するのを見た。民芸の宇野重吉や新国劇出身の緒方拳は極度に衰弱した軀に鞭打ちながらウラジミールを演じた。

VLADIMIR: ［*Hurt, coldly.*］May one inquire where His Highness spent the night?
ESTRAGON: In a ditch.
VLADIMIR: ［*Admiringly.*］A ditch! Where?
ESTRAGON: ［*Without gesture.*］Over there.

VLADIMIR: And they didn't beat you?
ESTRAGON: Beat me? Certainly they beat me.[5)]

ウラディミール役の宇野重吉や緒方拳の一挙手一投足、そして一語一語が鬼気迫るものがあり戦慄を惹起させた。また、緒方拳のウラディミールと串田和美のエストラゴンは、『奥の細道』の道中で芭蕉と曾良の会話を彷彿とさせた。ロンドン大学ロイヤル・ホロエイ校のデヴィッド・ブラッドビー教授の演劇のセミナーで筆者らは、ベケットの『しあわせな日々』を演じた。他のグループは英語でしかも小道具を使ってリアルな日常表現をした。

WINNIE: Begin, Winnie. 〔*Pause*〕 Begin your day, Winnie. 〔*Pause. She turns to bag, rummages in it without moving it from its place, brings out toothbrush, rummages again, brings out flat tube of toothpaste, turns back front, unscreus cap of tube, lays cap on ground, squeezes with difficulty small blob of paste on brush, holds tube in one hand and brushes teeth with other.*〕（138-139）"HAPPY DAYS"

さて、筆者らのドラマ・グループのみがフランス語で演技した。パリ大学大学院の女子大学院生ステファニーはヒロインのウィニーを実演した。だが、ステファニーの演技は所作ではなく、まるで詩の朗読のようであった。けれども、ブラッドビー教授は「ステファニーのフランス語の発話は詩的で、ベケットの考えをはっきりと表していた」と評価した。ピーター・ブルック・カンパニーが、一九九七年に愛知芸術文化センター小ホールで『しあわせな日々』を公演した。舞台では塚のようなオボジェをすっぽりとかぶったヒロインのウィニーをナターシャ・パリー＝ブルック夫人が演じた。舞台上に飾ったオブジェは何か子宮のようなものを象徴していた。

一九九四年六月、ロンドンのフリンジシアターで、ベケット作『わたしじゃない』の上演があった。舞台には、女性の口元だけが照明が当てられ、全体が黒い覆いで隠されて、ただ女優のモノローグだけが延々と続いた。

> MOUTH: ... out... into this world... this world... tiny little thing... before its time... in a godfor- ... what?... girl?... yes... tiny little girl... into this... out into this... before her time... godforsaken hole called... called... no matter... parents unknown... unheard of... he having vanished... thin air... (376) "Not I"

言葉以上に、女優が発する肉声が観客に強く訴えかけた。それは、女性の根源的な情念を吐露したもので、女性自身の命が一塊の魂になって訴えかけてくる迫力があった。一九九四年八月ダブリンのシテイ大学に奉職していたダデイがパリのポンピドーセンターに案内して、ベケットが亡くなった後、ポンピドーセンターで追悼イヴェントがあったが、そのときの模様を詳しく物語ってくれた。

堀真理子著の演劇論『ベケットの巡礼』よると、ベケットは俳句を英語訳しているという。[6] ところで『ゴドーを待ちながら』のヴラディーミルとエストラゴンの台詞の応酬を見ると、芭蕉とその弟子の曾良の連句を想起させる。堀は連句のうち、発句が独立して残り、俳句となったと論じている。つまり、和歌の抒情性が消えて俳句の滑稽さとなって生まれ変わった。堀はここのところが、ベケットと芭蕉との関係を読み解く鍵だと主張している。ひとつは、ベケットを全体として見ると、ドラマの詩が次第に短くなる傾向がある。もう一つは、その短い詩形に滑稽さが宿っていることだ。更に、ベケットの場合、天然界にある生の言葉から新しい意味を発見するまでに要する時間が存在する。何れにしても、ベケットも芭蕉も新しい言葉を見つけるのに相当時間を費やした。ベケットは『プルースト』論を書いている。実は、ベケットはジョイスの仕事の手伝いをした。ベケットが、プルーストやジョイスが長編小説を書いたのとは正反対に、ベケットの言葉は反比例して短くなった。プルーストやジョイスが関係した大ロマンはビッグバンのようなエネルギーがある。一方、ベケットの短い詩の形は何もかも吸いこんでしまうブラックホールのような吸引力がある。堀は

『ベケットの巡礼』の中で、ベケットとハロルド・ピンターとの関係を詳細に論じている。先に触れたように、ピンターは『昔の日々』で「起こらなかったことも起こったことのひとつ」とアンに語らせ空虚な虚無を構築した。

ベケットはエイゼンシュティンの映画に関心があり、エイゼンシュティンのモンタージュ理論は歌舞伎や俳句と関係があると指摘している。そもそも演劇と違って映画は異空間を自在に飛び回る。エイゼンシュティンのモンタージュ論はその仕組みを浮き彫りにしている。つまりモンタージュは現実にはありえないワンシーンを別のワンシーンでアットランダムに繋いでしまう。しかも、生の現実以上にモンタージュは映像効果を発揮するのである。

5　松尾芭蕉の『奥の細道』

堀真理子は『ベケットの巡礼』の中で、芭蕉は『奥の細道』で相反するものをくっつけて現実にはないモンタージュによってシュールな効果を生みだしたと述べている。（170）エイゼンシュティンのモンタージュ理論は美術の世界でもフランシス・ベーコンがあの世とこの世を繋いだ絵の表現にも見られる。また、ベーコンは「プルーストの『失われた時を求めて』には厚みのある膨大な宇宙が詰まっている」と述べた。ベケットも芭蕉も短い句に凝縮してはち切れんばかりの広大な異空間を漲らせたことに変わりはない。

芭蕉は、先ず、俳諧を貞門・談林風に変えた。それから、わび、さび、かるみを発展させ蕉風へと昇華させた。芭蕉の紀行文『野ざらし紀行』（一六八四―一六八五）や、『冬の日』は「芭蕉開眼の歌仙」で、同年十月二十五日から、伊勢へ向かう『笈の小文』や、『更科紀行』『猿蓑』、『奥の細道』が次々と書き綴られた。馬場は「芭蕉と名古屋」（『星形の言葉を求めて』）の中で、『野ざらし紀行』や『冬の日』と名古屋の関係を次のように述べている。

芭蕉は名古屋とその周辺で多くの名句を残したが、とりわけ重要な文学的遺産となったのは、歌仙（三十六韻の俳諧の形式）『冬の日』である。『野ざらし紀行』は母の墓参りを主目的とする旅でもあったが、その後半に芭蕉にとっても大きな収穫となるこの連句を、名古屋で巻くことになった。（略）

狂句　木枯の身は竹斎に似たるかな　芭蕉

は、京の都を追われて名古屋にやって来たとされる物語上のやぶ医者竹斎に、自分自身を重ねて風狂宣言をした句ともとれる。

これを受けた連衆と芭蕉の丁々発止の三十六句が劇的な展開を見せ、そこに通俗を脱した新しい風雅の世界を出現させることになった。いわゆる蕉風の確立である。（76―77）

芭蕉を客観的に見つめた著述作品に、奥の細道行脚『曾良日記』、服部土芳の『三冊子』や向井去来の『去来抄』がある。寺山修司は『家出のすすめ』を書いて、家出を奨励し、その後、欧米公演にも旅公演を敢行した。寺山の時代は芭蕉の時代と異なって交通手段が飛躍的に進歩した。とはいえ、両者とも生涯の多くを旅路に過ごした。

6　瀧口修造の「余白に書く」

瀧口修造は前衛詩から短詩形に触手を伸ばし、瀧口の語る俳句的表現は『余白に』1・2から透けて見えてくる。瀧口が著わした詩は、表現が次第に短くなる傾向があった。しかしながら、瀧口の短い表現は俳句にならっている。馬場駿吉は「夢」（『星形の言葉を求めて』）の中で、瀧口が芭蕉になった夢を見た一文を紹介している。

『三夢三話』の第二話では、パリの古びたアパルトマンの一室で芭蕉になってしまった瀧口さんが、フランスの詩人たちに俳諧の〈さび〉について『去来抄』の〈さびは句の色なり。閑寂なるをいふにあらず〉という言葉を想い出しながら一生懸命説明しているところが出てくる。（略）裏を返せば、フランスの詩人たちと芭蕉が思いがけなく出会うということ自体、はなはだ超現実的な現象だといえるわけだ。（略）このような夢と夢想の相互作用は、芭蕉の有名な句

夏草や兵どもが夢の跡

旅に病んで夢は枯野をかけ廻る

にもみられるわけであるから、瀧口さんの夢に芭蕉が登場して来ても決して不思議はないということなのだろう。（144―145）

馬場は、瀧口と芭蕉の関係ばかりでなく、瀧口が懐いた俳句に対する態度に関しても、具に見つめ続けた。瀧口が懐いた俳句に対する考えを以下のように表わした。

寸秒夢、あとさき　眠っている死人の夢をみる。

他は覚えず。[7]　〈瀧口修造コレクション3〉

このように、瀧口の表現は次第に短くなる。それが新しい詩の形につながっていったのではなかったか。

土方巽に
日付は絶えず
　失われる
余白の可愛い
使者よ[8]　〈瀧口修造コレクション4〉

更に、瀧口は「百の眼の物語」の冒頭で、超感覚によって捉えることが出来る表現を駆使し、次第に短詩の形を用い創意工夫してみせた。

私の心臓は時を刻む （131）〈瀧口修造コレクション4〉

また、瀧口は、ひとつの短いフレーズのなかで、言葉と言葉が真逆になる短い詩を短詩形で表現しようと試みた。

血と風は熄まぬ。（347）〈瀧口修造コレクション4〉

このように、瀧口は、極少なフレーズに反発しあう言葉と言葉が生み出す効果を、予め狙ったかの如く、短い詩形を使い新らしく生みだした。大岡信は瀧口のスタイルを次のように述べた。

瀧口修造もしこの世に在りせば、『余白に書く』2は全く違った形の、これよりずっと薄い、時に謎々みた短文から成るであろう本として出版されたであろう。（369）〈瀧口修造コレクション4〉

ところが、瀧口の「余白に書く」2は、瀧口自身の突然の死によって永遠に中断されてしまった。

短歌に因む私見

いまの私は、不幸にして、愛誦する短歌というものを持たない。

と言えば、俳句もまた同じ。[9]〈瀧口修造コレクション8〉

瀧口は、「余白に書く」で、濃密な時間を費やして、短い詩的表現に拘り続けた。なかでも、瀧口は短歌や俳句に次のように言及している。

短歌はうたう、うたいあげる、時には訴える、という原型を持ち、俳句は俗に、ひねるとか吐くなどに、はしもなく表されてきたような、語の出会いに重点を置く、という発想の二つの原型を両者に考えることができようか。(86)〈瀧口修造コレクション8〉

瀧口は、絶えず短歌や俳句や詩に新機軸を求めて、古い様式を脱皮しようと常に試みた。

短歌であれ、俳句であれ、「詩」であれ、披いて、ふと、ことばに出会い、触れ合うことは自然に起こりうるし、またそれを願ってもいる。(87)〈瀧口修造コレクション8〉

瀧口は、新しい短い詩の形に、言葉や空間だけではなくて音楽の導入を考えている。駒井哲郎の銅版画『束の間の幻影』はプロコフィエフの『束の間の幻影』曲と響き合っているが、そのようなイメージが念頭にあったのだろうか。

余白に　武満徹の音楽[10]　〈瀧口修造コレクション5〉

武満徹は、自著『音楽の余白から』(新潮社、一九八〇)の中で「瀧口修造の死[11]」を書いている。瀧口修造は武満の音楽にジョン・ケージの作品を思わせる従来の西洋音楽と異なった音の反響を聴きとった。『ノヴェンバー・ステップス』は琵琶と尺八とオーケストラのための音楽である。ケージの作品にしても『ノヴェンバー・ステップス』にしても「音楽の余白」を埋め、新機軸を拓いて創作された楽曲で、現代音楽になくてはならないクラシック音楽となった。瀧口は「余白に」(『コレクション瀧口修造』5)で以下のように「余白」を纏め封印している。

閉じよ、手を引け、纜を解け。

以下余白 (63) 〈瀧口修造コレクション5〉

瀧口は、何も書かれていない余白から新しい詩歌や音楽が生れてくると予感を感じていたのだろうか。瀧口は、「短句戒　オリーヴ樹下吟」「短句戒」と表現して、短詩の形をイメージして見せた。

俳句癈句
見分かぬわれに
季の疾き (81) 〈瀧口修造コレクション5〉

瀧口が「短句戒」の中で「俳句癈句」と詠っているのは、「短詩形」の未知の世界に向って新しい地平を切り拓こうとしていた表われであろう。

「短句戒」は時折りつくられる俳句のようなエピグラム風な詩である (329) 〈瀧口修造コレクション5〉

瀧口は、「短句戒」の中に、あるいは「俳句のようなエピグラム風な詩」をイメージしていたのであろうか。慶應大学教授の鍵谷幸信は『余白に書く2』の書評を『三田評論』一九八二年12月号で以下のように書いている。（330）〈瀧口修造コレクション5〉

生前『余白に書く』と題して発刊されたのだが、今回それ以後に書かれた文章を集成し、『余白に書く2』としてまとめられた。ここには詩、オマージュから言葉の断片的記述、メモまでの混沌とした思考をよぎり、感性を震わせた作家、詩人、美術家、批評家、舞踏家、写真家、音楽家などへ送った秘密文書ともいえるアンチームな言語表出がなされている。[12]〈瀧口修造コレクション5〉

瀧口は『余白に書く2』を纏める前に他界してしまった。それ故に、瀧口の意図は永遠に謎となってしまった。芭蕉の場合も、辞世の句を推敲中に亡くなってしまった。またドストエフスキーの場合も、『カラマーゾフの兄弟』は未完に終わった。或いは、アンディ・ウォーホルは『日記』が完結する前に他界してしまった。それで、ウォーホルが何を目的に『日記』を綴ったのか未だに分からないままである。それらの関係と瀧口の『余白に書く2』はどこか似ている。何れにしても、瀧口の「短い詩の形」は芭蕉の俳句を想起させる。さて、馬場は「橄欖忌」（『星形の言葉を求めて』）で、瀧口が「余白」ばかりでなく、無名の芸術家に関心を寄せたことに注目している。

つねに未開の状態にある〈言葉〉ばかりでなく、〈若い芸術家たち〉の発見も、瀧口さんにとってはおおきな詩的創造行為だった。（193）

馬場は、瀧口が、つねに詩の新機軸を拓く地平を見据えようとしていたと考えた。瀧口は馬場にとり独特な視点を生みだす先人となった。馬場が論評する現代美術批評には科学者と俳人の眼がある。その美術論『液晶の虹彩』で次にように述べている。

ものを見るという行為に当って、その対象の放つ光量に敏感に反応し、それをどのように受容し、見とどけるかを決定するのは虹彩である。[13]

また、彼が科学者の眼差しで俳句を創作していることを、塚本邦雄が『薔薇色地獄』の解説で書いている。

駿吉は作家であると同時に、否在るより前に科學者、傑れた醫師であった。「若き胃の薔薇色」と一口に言ひはするが、ここには解剖を經驗した専門家の醒めた眼がある。[14]

馬場の俳句は科学者と美学者の視点が絶妙に融合している。馬場は敬愛する瀧口修造著の『点』を自身の誌名にいただいた雑誌で、「俳句は俳句に学べない」(『点』二号)を著し、現代俳句について科学者と美学者の観点に立って論じている。

現代俳句の前衛には、日本人の新しい美意識を創造する強靭な精神と、これを短詩型に結晶せしめる魔力に満ちた錬金の才能の出現こそが望まれるのではなかろうか。[15]

馬場の視点には、医師でもあったチェーホフ、医師の家系にあったフロベールやプルーストの科学者的な美意識が、氏の俳句の中で通奏低音のように響き合っている。

7 駒井哲郎の「束の間の幻影」

駒井哲郎が制作した銅版画「束の間の幻影」を、中村稔が書いた駒井の伝記にタイトルとして使った。また、詩人の大岡信が『記憶と現在』を書き、駒井がメゾチントの銅版画を描いて詩画集を刊行している。馬場駿吉の第一句集「断面」の特装版は、自らの俳句と駒井の銅版画が添えられている。

駒井の「束の間の幻影」には、現実を鋭く切り取るエッチングから芭蕉の俳句精神が匂いたってくる。[16]

馬場は「駒井哲郎を追いかけて」のイヴェントや講演会を第一回から第四十回まで行っている。これまで、馬場は俳句を詠んでいるときに一時期スランプにおちたことがあったが、やがてそこから抜け出して新世界を発見する時に句画集があり、そこから新しいアイディアが生れた。つまり、芭蕉や曾良が俳人同士で歌を競って発句や連句を創作して競いあうのとは異なり、駒井と馬場の場合、駒井の銅版画と馬場の俳句が互いにぶつかりあって組み合わさり句画集ができた。その時、馬場は、切磋琢磨して、優劣を超えた処にある新機軸を切り拓き、新しいアートの素地となる地平に逢着したのである。

駒井の銅版画の技術は西洋にあったが、かつて日本にはなかった芸術分野で、駒井はパリに留学したときに、まざまざと日本銅版画の後進国性を目の当りにした。だが、駒井は諦めないでパリで学び独自の銅版画への道を切り拓いていった。馬場自身は現代俳句による新機軸がその句集から拓かれると考えた。

憂愁の夜が来る薔薇と銅版画（１３７）『断面』

人に癌殖ゆるをやめず梅雨永し（192）『断面』

因みに馬場は駒井の銅版画の腐食剤とがんとの関係を寺山修司の『血と麦』や『花粉航海』に見ている。

銅版画の鳥に腐食の時すすむ母はとぶものみな閉じこめぬ　『血と麦』
癌すすむ父や銅版画の寺院　『花粉航海』

馬場は「駒井の銅版画を見る時、寺山が綴った句を思いだす」としばしば語った。中村稔は駒井の伝記『束の間の幻影』の中で馬場から依頼があった『断面』制作過程を駒井の日記から引用している。

「銅版画の制作を開始するのは11月28日である。同日の記事に〈銅版にグランドを引いたりする〉とあり、翌29日〈エッチングを久し振りではじめる〉、30日〈硝酸を買いに行き、馬場のための銅版大体腐食終わる、夜10：00にねる〉とある。12月5日〈馬場さんの句集のための印刷自分でやって見る。軀のために良し。11：30床、画室でねる。〉6日〈7：00起床、8：00より印刷始める〉〈馬場の作品40枚すむ〉7日〈10：30までに馬場の仕事終わる〉と続く。（中略）19日〈馬場駿吉に銅版とE・p・a・A・4枚送る〉と記し、〈馬場駿吉への手紙〉の中に〈仕事への欲望が狂暴と言って良いくらいわいて来た〉と書いた旨を記している」（234）

馬場は駒井の銅版画と出会い、『束の間の幻影』に表された細密描写を凝視し、自ら俳句の新しい意義を見いだして、遂に自身の句集『断面』が誕生したのである。銅版画の腐食剤は駒井の舌を犯したのである。中村は同書で次のように綴る。

馬場は駒井の作品による句画集を発行した俳人だが、同時に耳鼻咽喉科の専門医としてわが国における権威者の一人である。その馬場から教えられたところによれば、義歯に不適合があると、舌のへリに義歯があたり、舌のへりを刺激する。刺戟が続くと、舌のへリにやがて腫瘍ができる。（277）

馬場は「レンブラントと芭蕉」（『星形の言葉を求めて』）の中で、銅版画と俳句の関係をレンブラントの銅版画と比較して次のように述べている。

制作過程での修正がほとんど利かぬ銅版画であればこそ、光と闇が揺れ動き呼び交わす中で、人物や風景が瞬間的に見せる真の姿を引きとどめることができる—それをあらためて再認識させられた。その時ふと胸に浮かんだのは、日本の十七世紀最大の詩人（俳人）松尾芭蕉（一六四四—九四年）の「物の見えたる光、いまだ心に消えざる中に言いとむべし」という言葉だ。物の本質から発せられる微光を捉えるための箴言である。（34—35）

馬場が駒井の銅版画に見いだしたのは、芭蕉のこの箴言であったことが分かる。馬場は「私の文筆遍歴—俳句を中心に」で次のように綴っている。

一九六一年の夏、私は偶然、銅版画家・駒井哲郎の作品展に出会い、急速に現代美術への眼を開かせられることとなった。（82）

馬場が現代の美術へと真に開眼したのはこの時期だった。同時に、駒井の銅版画は、馬場にとって現代俳句開眼のきっかけともなった。

8 池田龍雄の『アヴァンギャルドの軌跡』

池田龍雄は前衛芸術家で、十五歳の時に海軍航空隊に入隊し、特攻隊員や予科練を経験して、敗戦を迎えた。その後、池田は一九四八年に多摩造形専門学校（現多摩美術大学）に入学、無窮運動「梵天の塔」のパフォーマンスを造形した。また、池田は映画・演劇（出演／美術）に加わり、独自のアートを展開して、粕三平監督『怨霊伝』、松本俊夫監督『薔薇の葬列』、池田龍雄作『梵天』、寺山修司制作・人間座第十二回公演『吸血鬼の研究』の創作活動に参加した。池田は岡本太郎や花田清輝らの「アヴァンギャルド芸術研究会」に参加して、アヴァンギャルド（前衛芸術）の道を歩んだ。また、池田龍雄の前衛芸術には芭蕉の作句から着想をえた表現がみられる。馬場は「微笑むアヴァンギャルド―池田龍雄」（『時の晶相』）の中で、池田が捲るめく人生体験をした芸術家として紹介している。

池田さんは中学三年から海軍甲種飛行余暇練習兵（予科練）となり、修了後、特攻隊に編入され終戦直前出撃命令を受けた。（251）

馬場は『時の晶相』の中で、池田が戦後一段と変化する社会情勢の中で芸術家として目まぐるしく激動する渦中におかれながら、創作活動を遂げたと回顧している。

六十年代にはそれまで盛んに描かれた社会事象に材を得た作品が減り、生命の原器をなすエロスを秘めた有機的な形象がシュルレアリスムの手法で描かれることが多くなってゆく。古い体制的因習からの解放をめざすはずの社会主義が、芸術家の自由を封殺するという矛盾を露呈し始め、革命の芸術から芸術の革命へと比重を移す選択がなされたのだろうか。あるいは未開の状態にある眼をもって現実を見据える事が出来る真のシュルレアリスト瀧口修造への結果なのだろうか。おそらくその両方が重なったのだと思う。(254)

馬場は、結局、池田の芸術がシュルレアリスト瀧口修造と出あうことによって著しく飛躍し大きく花開いたと述べることになる。

9　加納光於

加納光於は、昭和中期から平成時代にわたる版画家で画家でもある。加納は、版画、絵画の領域において実験的手法により独自の世界を切り開いた。氏は、瀧口修造、大岡信、澁澤龍彦、渋沢孝輔、加藤郁乎、吉増剛造、巖谷國士、馬場駿吉、平出隆ら多くの文学者からも強い関心を持たれて来た。氏は、東京、神田に生まれたが、病弱のために中学を中退し、十代の後半、闘病生活中、微生物や植物の形態に関心を寄せた。またアルチュール・ランボーなどフランス詩に傾倒した。一九五三年、十九歳のときに独学で版画をはじめ、一九五五年に私家版銅版画集『植物』を出版して、瀧口修造に見いだされ、その推薦で一九五六年にタケミヤ画廊にて初個展を開催した。その後東京国際版画ビエンナーレには第一回(一九五七年)から出品して、三回展(一九六二年)では亜鉛版を腐食させたモノクロームのインタリオ《星・反芻学》(一九六二)で国立美術館賞を受賞した。その他国内外の数多くの展覧会に出品し、受賞を重ねている。

馬場は「翼あるいは熱狂の色彩―加納光於展に」の評論で次のように評している。

一九六三年二月、すなわち、今からほぼ十五年前、加納光於の名古屋では初めての個展が開かれた。（略）そこには星雲の誕生を思わせる巨大な宇宙的イメージと、極微視的世界での生命誕生を彷彿とさせるイメージとが通低し合い、また一方では化石の中に封じこめられた始祖鳥の翼のような、あるいは巨大な爬虫類の骨を蒐めて作られた冥王の簾のような死のイメージが、インタリオによって鮮烈に刻印されていた。[18]

やがて、馬場は加納光於や駒井哲郎の絵画から触発されたばかりか、知遇を得ることになり、自身も俳句の境地が新しく飛躍して、新生の俳人馬場駿吉が誕生する事になる。

10　加藤楸邨の『寒雷』

加藤楸邨は優れた俳人としての業績のほかライフワークとして松尾芭蕉の研究に貢献した。没後その功績を伝える記念館ができた。楸邨自身の作句の態度は「真実感合」を唱えて、人の内面心理を詠むことを追求し、中村草田男、石田波郷らと共に人間探求派と呼ばれた。楸邨は『寒雷』（一九四一）を発表し、「寒雷やびりりびりりと真夜の玻璃」「鮟鱇の骨まで凍ててぶちきらる」「木の葉ふりやまずいそぐないそぐなよ」などの有名な句を詠んだ。田川飛旅子は評伝『加藤楸邨』の中で楸邨の句を評釈しながら芭蕉と比較して論じている。

芭蕉の研究に力を入れていた楸邨は、芭蕉の俳句が旅を契機として内面的に変貌発展してゆく過程を興味ふかく見ていた。特にこのころ「芭蕉表現研究」が丁度「野晒」にさしかかって、人間としての芭蕉が、あの旅で、今まで外へ向っていた表現契機が一切内面化し、無化してゆく大へんな転換が行われたことを思っていた。[18]

馬場は「私の文筆遍歴―俳句を中心に」(『星形の言葉を求めて』)で、高校時代に受験雑誌「蛍雪時代」の俳句の投稿欄に投稿したが選者が加藤楸邨であったのを回想している。

高校時代も受験雑誌の俳句欄(加藤楸邨選)に投稿入選し、そのうちの一句が高校の国語教科書に掲載されて得意になったこともあったが、俳句に本格的にのめり込んだのは、大学入学後からである。(80)

馬場は以後も楸邨に直接師事することはなかったが、深い敬意を感じ続けているという。その後になってから、寺山修司も同受験雑誌に投稿し始めた。

11 加藤郁乎『えくとぷらすま』『詩集ニルヴァギナ』

加藤郁乎は前衛俳人・詩人であり『膣内楽』『形而情学』『ニルヴァギナ―加藤郁乎詩集』から『江戸俳諧歳時記』『加藤郁乎俳句集成』『日本は俳句の国か』『芥川竜之介俳句集』『荷風俳句集』などの多くの著作を発刊した。馬場は「言葉の刺客―加藤郁乎」(『時の晶相』)で加藤郁乎の俳句と詩の関係を次のように述べている。

俳句形式に現代の詩性を色濃く取り込んだり、俳句と現代詩の間を往来してハイブリッド(混種)俳人とでも呼ぶべき作家も出現してきた。その元祖ともいえるのが加藤郁乎ではないだろうか。(101)

馬場は同評論(『時の晶相』)で、加藤郁乎が澁澤龍彦に対して献呈した俳句を高く評価して以下のように評している。

例えば澁澤龍彦に向けては

おれんじ公が失神に青痣の四季咲き

というサド研究・翻訳の大家への献句と解される作があるが、後に澁澤龍彦が〈言葉の刺客〉との称号を贈ったように、日常的な言葉の意味を刺し殺す俳諧師の面目躍如たるものがあった。（102）

馬場は加藤郁乎に対して俳人としての類まれな資質について「方寸のポテンシャル2―瀧口修造の俳句的表現―」（『洪水』第八号）の中で次のように評価している。

俳人かつ詩人加藤郁乎は俳人として瀧口修造の至近距離にいた稀有な一人。その郁乎に宛てた献句には

晴れるやらむこの日の客の風ふくべ（「螺旋儀」創刊号に初出。七一年九月）

荒れるやらむ今宵の蟹のＶＡＧＩＮＡ食い　小翁

星のねぐらぞ郁乎行かずや　越坊

一九七一年、加藤郁乎は詩集『荒れるや』（思潮社）と『ニルヴァギナ』（薔薇十字社）を相次いで上梓した。この二詩集は、パロディ、綺想、エロスをカクテルにした洒気が満ち溢れていて、超現実的なつむじ風がハレルヤの世界へ里帰りさせてくれる、といった按配。風ふくべは風瓢とも風吹く辺とも読める。瓢には睾丸のイメージが重なるか。小翁は蕉翁（芭蕉）、越坊は越中富山県人の瀧口修造（蕉門十哲の一人には越智越人という俳人もいた）。蟹は新宿・花園神社で行われた。これら詩集出版記念会における食材に因む、とは鶴岡善久の調べによる。そして〈郁乎〉を〈行くや〉と読めばこの対句の意味は一転、艶っぽくなる。それにしてもこの二句の言葉の遊行と応答の妙に感嘆する。[19]

馬場は加藤郁乎の詩や俳句に深く共感したが、両氏に共通するのは濃密な母なる生命力である。そして、その原点は、特に、馬場の場合、氏が学生時代に愛読した『デカメロン』があり、郁乎の詩や俳句解釈に少なからぬ影響を与えているようだ。

12　まとめ

馬場駿吉は瀧口修造、澁澤龍彦、マルセル・デュシャン、唐十郎、四谷シモン、吉増剛造の迷宮の世界を辿りながら俳句や美術作品を微細に研究している。それらの論考を集約し蒐集した精髄を雑誌『洪水』に瀧口修造の俳句的表現についてのみまとめた。その核にあるのは松尾芭蕉の俳句研究である。芭蕉の芸術は、川本喜八郎さんの作品でＤＶＤ『冬の日』のアニメに纏められた。『冬の日』は江戸時代だけでなく、現代の時代に活躍する世界各国のアニメーターたちが、芭蕉を多面的に解釈して映像化している。瀧口は、シュルレアリスムのデュシャンのアートに対する造詣が深かった。殊に、馬場は瀧口が短詩・俳句を論じている点に着目して俳人芭蕉の俳句を詳細に探求した。とりわけ、馬場は、芭蕉とベケットの流浪の芸術に着目し共通点を見いだして論評した。その根本にあるのは、馬場は同じことを繰り返して言わないことである。馬場は総べての論文や講演で語り論じおおせた後、いわば白紙の状態から新たに研究を始めるという。とどのつまり馬場の精神は芭蕉の「不易流行」を現している。過去、現在、未来に変わらない不変の精神があるが、一度その断面を切り取って見ると、噴き出す血潮のように新たな生命に溢れ、芭蕉の辞世の句「旅に病んで夢は荒野を駆け巡る」の光景が現れ、芭蕉が全生命を出しきった姿が句に見てとれるのである。この俳句精神こそ、馬場の俳句や俳句論のどの断面を切り取って確かめてみても、みてとれる断末魔の命の叫びであり、パラドキシカルで全く矛盾するが生命の讃歌でもあるのだ。

注

1）馬場駿吉『星形の言葉を求めて』（風媒社、二〇一〇）、２１６―２１７頁。以降、同書からの引用は頁数のみ記す。
2）馬場駿吉『時の晶相』（水声社、二〇〇四）20頁。以降、同書からの引用は頁数のみ記す。
3）佐谷和彦『原点への距離―美術と社会の狭間で』（沖積舎、二〇〇二）、15頁。
4）Pinter, Harold, *Old Times*, (*Complete Works: Four*, Grove Press, Inc., 1981), pp. 27-28.
5）*Samuel Beckett The Complete Dramatic Works* (Faber and Faber, 1990), p. 11. 以降、同書からの引用は頁数のみ記す。
6）堀真理子『ベケットの巡礼』（三省堂、二〇〇七）、１７０頁参照。以降、同書からの引用は頁数のみ記す。
7）『コレクション　瀧口修造』３（みすず書房、一九九六）、３７５頁。以降、同書からの引用は頁数のみ記す。
8）『コレクション　瀧口修造』４（みすず書房、一九九六）、１２８頁。同書からの引用は頁数のみ記す。
9）『コレクション　瀧口修造』８（みすず書房、一九九六）、83頁。同書からの引用は頁数のみ記す。
10）『コレクション　瀧口修造』５（みすず書房、一九九六）、30頁。
11）武満徹『音楽の余白から』（新潮社、一九八〇）、73頁。
12）鍵谷幸信「瀧口修造著『余白に書く2』」（三田評論、一九八二・十二）、89頁。
13）馬場駿吉『液晶の虹彩』（書肆山田、一九八四）、39頁。
14）塚本邦雄「アダムの林檎　馬場駿吉「薔薇色地獄」解題」（馬場駿吉『薔薇色地獄』湯川書房、一九七六）、34頁。
15）馬場駿吉「俳句は俳句に学べない」（『点』二号、一九六六）、14頁。
16）中村稔『束の間の幻影』（新潮社、一九九一）、２７７頁。以降、同書からの引用は頁数のみ記す。
17）馬場駿吉「翼あるいは熱狂の色彩―加納光於展に」（加納光於展、バルール画廊、一九七八）
18）田川飛旅子『加藤楸邨』（桜楓社、一九八五）、２６１頁。
19）「馬場駿吉方寸のポテンシャル2―瀧口修造の俳句的表現―」（『洪水』第八号、二〇一一）、１０８―１０９頁。

第五章　馬場駿吉・ハイブリッドな俳人
——異質なアートの組みあわせ

清水　義和・赤塚　麻里

1　はじめに

馬場駿吉には、十分な睡眠もとらず医学研究・教育・診療に身を捧げて社会的に表の部分を長年にわたり過ごした。ドストエフスキーが著した『カラマーゾフの兄弟』に登場する長老ゾシマのように、この世の苦しみを抱えた人たちに等しく耳を傾ける。長老ゾシマに対して威敬の念を懐くように、その姿形は、ドストエフスキーが百年前に原稿のうえに造形したイメージを生の肉体にして現したならば、かくもあらんと思わんばかりの静謐に満ちた芸術家の姿が氏にある。長老ゾシマが人々の苦しみを癒す源を現わしたように、馬場は医師として極めて適切な診断をくだし、人々の苦しい病に向き合って来たのである。

フロベールの『ヴォバリー夫人』（一八五六）の最後のシーンを読む人は誰しも、手の施しようが無くなり、それでも心の苦悩の癒しを求めてやまないヴォバリー夫人を診察に訪れる名医の姿が脳裏に焼き付いている。ドストエフスキーの『カラマーゾフの兄弟』（一八七九）の長老ゾシマは、医師が見捨てた病人の心を癒す人としてはフロベールの『ヴォバリー夫人』の最後のシーンに現れる名医とその人格が重なる。『失われた時を求めて』を執筆したプルーストの最後を看取るのは弟で医者のロベールであった。実に、『ヴォバリー夫人』、『カラマーゾフの兄弟』に一環して流れる癒しのイメージは、医師の領域をはみ出し文学に触手を伸ばした、科学と文学を繋ぐハイブリッドな文化人の姿である。馬場が耳鼻咽喉科医で、俳人で、絵画や音楽を解する審美家であり、こうした類い稀な人物と共に難病の患者が生きることが出来る社会こそ理想郷ではないだろうか。

京都フィルハーモニー室内合奏団第198回定期公演に於て馬場自作の独吟連歌『苦艾』に作曲家の高橋悠治が曲をつけたものを能楽師が詠った。本稿は、その『苦艾』公演に至るアート誕生の過程を纏める試みである。

2 『苦艾』京都フィルハーモニー室内合奏団第一九八回定期公演

二〇一五年四月十一日に、京都コンサートホールの小ホールで『苦艾』初演のコンサートがあった。演奏会前にプレトークがあり、司会者は指揮者の齊藤一郎。パネラーは作曲家の水野修孝、俳人の馬場駿吉らであった。この日の公演の演目は黛敏郎、水野修孝、H・アイスラー、高橋悠治の作品群であった。

黛敏郎（一九二九―一九九七）、水野修孝（一九三四―）、H・アイスラー、（一八九八―一九六二）、高橋悠治（一九三八―）。この組み合わせは海外の音楽祭にそのまま持っていけそう（評判を呼びそう）だ。とびきりのインパクトで、センスの良さも光る。作曲家たちは、それぞれが独自のスタイルで社会と音楽家の関わりを展開したことでも知られる。黛敏郎は十九歳の若者があふれる才能を発揮したデビュー作。水野修孝は即興、ジャズ、オペラ、ミュージカルなどあらゆるジャンルへ傑作を残した巨匠が八十歳で仕上げた《ヴィオラ協奏曲》（改訂初演）。アイスラーは四十代初頭で、チャップリンなどへ映画音楽を多く書いていた頃の《室内交響曲》。高橋悠治は七六歳の委嘱の新作であるが（タイトルの苦艾はニガヨモギと読む）、興味深いのは独吟連句の朗読が伴うこと。なんとも情報量が多く濃密。マエストロ齊藤一郎が京フィルの魅力を最大限に味あわせてくれる才気煥発のセレクションである。[1)]

独吟連句『苦艾』の作者、馬場駿吉は耳鼻咽喉科医で、名古屋ボストン美術館館長でもある。馬場の経歴は次のように纏める事ができる。

名古屋市立大学名誉教授（耳鼻咽喉学）、一九三二年名古屋に生まれる。中学時代に俳句に入門。医学に励む一方、一九六〇年代より瀧口修造の知遇を得て、現代芸術の最前線に立ち会い、多領域の芸術家と交友。既刊句集五冊のうち第四句集「海馬の夢―ヴェネツィア百句」は日伊対訳。イタリアのマリーノ・バラッテロがこの「海馬の夢―ヴェネツィア百句」を題材として作曲、ヴェネツィアで初演（二〇〇一年）。武満徹の協力の下、武満の音楽を背景にした学術映画を制作し、マドリードでの科学映画祭に参加して受賞（一九八九年）（2）

黛敏郎がこの日の演目の一番目に選ばれた。その理由は、水野修孝、高橋悠治らと同時代の音楽家であり、殊に、現代音楽に果たした役割は、武満徹と同様におおきいからである。

黛敏郎は題名のない音楽会（一九六四―九七）の初代司会者であり、野球やプロレスのTV放送などでお馴染みの《スポーツ行進曲》の作曲者でもある。学生時代はジャズバンドのピアニストをつとめ、日本初の電子音楽作曲家であり、「東京オリンピック」や「天地創造」などの映画音楽を担当、石原裕次郎や美空ひばりの歌謡曲の作曲もした。安部公房、三島由紀夫、谷川俊太郎、岡本太郎など、コラボレーションを行った芸術家も数知れない。若き日の武満徹へピアノをプレゼントして、後進の作曲家への援助も惜しまなかった。そんな輝かしい経歴を誇る作曲家が、フランス留学前、一九四八年十九歳の夏、東京音楽学校卒業作品として仕上げたのが「十楽器のためのディベルティメント」である。その頃の黛は、日本にフランス式の書法を定着させた池内友次郎と、独学で書いた三管オーケストラ曲で認められた伊福部昭（まだ「ゴジラ」の音楽を作曲する前）に習っていた頃である。ジャズバンドでピアニストのバイトをしながら書きあげている。参考とした創作には、師匠伊福部昭の《土俗的三連画》もあったろう。海外の様々な文化の流入する横浜出身であり、父は船長であった黛らしく、何とも輝かしく、モダンな響きが聞こえてくる。当時の最先端のフランス六人組やガーシュウイン、ジャズなどが絶妙にミックスされ、各楽器の音色の魅力や洒落っ気たっぷり、おもちゃ箱をひっくり返したような天才のエッセンスがそこら中から顔を出し、1．アレグロ、2．アダージョ、3．アレグレット、4．ヴィヴァーチェの4つの部分からなる。黛はこの後、留学を経て前衛の最先端を走り、お寺の梵鐘の音に魅せられ、その音響を科学的に解析してオーケストラの響きに援用する。日本が世界に誇る《涅槃交響曲》の作曲者の原点である。（3）

この日の最初の演目「十楽器のためのディベルティメント」は黛敏郎十九歳の作品であり、四月十日は黛の命日で存命していれば八十六歳であった。

この日の次の演目《室内交響楽》に選ばれた作曲家ハンス・アイスラーは、シェーンベルクの弟子であり、ブレヒト劇の音楽を作曲した。アイスラーの音楽については次のように纏める事ができる。

ドイツ民主共和国国歌の作曲者であり、ベルリンにはハンス・アイスラーの名を冠した音楽大学も実在するほどの作曲家アイスラーは、哲学者の父の三男としてライプツィヒで生れた。幼き日から独学で作曲もしていたが、十八歳でハンガリー連隊に入隊して、前線も経験している。本格的に作曲を習ったのは二十歳を過ぎた頃、シェーンベルクからである。同時期にアルバン・ベルク、アントン・ウェーベルンもシェーンベルクに師事しており、三人ともその後のドイツ現代音楽を牽引する存在になっている。

一九二六年には音楽や政治的な方向性の違いから、師匠シェーンベルクと決裂（師匠に破門状を送りつけた等）。そしてドイツ共産党に入党、合唱団や労働団体とも関わる。また哲学者の父親譲りの性格なのか、アドルノ、ベンヤミンとの交流やブレヒトとの舞台作品など、音楽だけにとどまらない創作を行った。いわゆるブルジョワの美学に対抗する創作姿勢を展開しつつも、無調や十二音の創作を貫いた。ブレヒトとの共同、ドキュメンタリー映画の音楽作曲など幅広いジャンルの作品が残っている。

本日演奏される《室内交響楽》は一九四〇年、アイスラーがナチスから逃れて亡命して一九三八年にアメリカに移住してからの作品である。この頃のアイスラーは、メキシコシティー国立音楽院の教授、ロックフェラー基金を受けての映画音楽作曲などを行っていた。その後ハリウッドへの移住（一九四二）、非米活動調査委員会から審問を受けアメリカから国外追放（一九四八）。一九五〇年からはベルリンに移住して晩年までここに住んだ。

《室内交響楽》（十五楽器のための）は文化映画「ホワイトフラッド」の音楽としても使われており、大自然の流れるもの、溶岩の土石流、雪崩落ちる竹の水、流氷などに《室内交響楽》の音が付けられている。1．インヴェンション、2．コラール編曲、3．スケルツォ、4．エチュード、5．フィナーレの五つの楽章からなる。特徴的な編成として触れておきたいのは一九三七年に発表されたノヴァコードなる最古のシンセサイザーが組み入れられていることである。（現存する楽器が日本にはないため、今回はモーグ・シンセサイザーで代用）。

ハンス・アイスラーのこの日に演奏された作品は、一九四〇年代初頭、チャップリンなどへ映画音楽を書いた頃に作曲した「室内交響曲」である。若くして新ウィーン楽派のアントン・ヴェーベルン、アルバン・ベルクと相並ぶ、アルノルト・シェーンベルクの三人の高弟の一人であった。一九二六年、アイスラーは同じユダヤ系で師匠のアルノルト・シェーンベルクに手紙を送りつけ、弟子であるにもかかわらず師匠を破門して、ドイツ共産党に入党した。これにはアイスラーの師が産み出した十二音技法が民衆の求めるものから乖離しているという音楽上の理由からであった。アイスラーは、ナチス台頭で米国に亡命して難を逃れ、ハリウッドでは映画音楽などでチャールズ・チャップリンらに協力した。一九三八年に米国へ移住、亡命したアイスラーは、チャーリー・チャップリンの音楽顧問を引き受けるなど、映画音楽の企画・作曲の仕事に従事した。『死刑執行人もまた死す』と『孤独な心（英語版）』（*None But the Lonely Heart*）でアカデミー賞にノミネートされた。だが第二次大戦終結後、アイスラーはマッカーシズムで共産主義者の疑いを受け国外追放となる。ところでアイスラーの室内交響曲にはピアノとは別に「ノヴァコード」という楽器が 登場する。これは一九四〇年当時最新鋭だった元祖シンセサイザーであった。

さて、一九八七年ノイシュタット生まれのモーグは、ジョン・オコナーやベルント・グレムザーに師事したドイツの若手ピアニストであった。聴きとりにくかったピアノの左手（低音）の和音が、超高域で動く右手の活躍をしっかりと支えて〝完璧にピアノらしい音の響き〟を構築し現代音楽に貢献した。（4—5）

この日の三番目に演奏された《ヴィオラ協奏曲》は、水野修孝の作品である。美しいメロディーと即興、ジャズ、オペラ、ミュージカルなどのあらゆるジャンルへ傑作を残した水野が八十歳で仕上げた《ヴィオラ協奏曲》で、ジャズとの融合で知られる作曲者がはじめて書き上げたヴィオラ協奏曲でもある。水野は「グループで音楽を即興演奏で一緒に演奏した。ピアノを弾いたが演奏後、手が血だらけになっていた」と語り、「楽譜なしで演奏したが、音源のテープは芸大に残っている。但し、楽譜はのこっていない」とも述べた。また水野は、「少人数演奏で、聴衆も三十人から五十人位である」という。「従って、かっちりとして肯定的な聴衆が多いから、だから演奏も荒唐無稽な嘘のような話になってもいいのである」と語った。

二〇一一年、カリフォルニアで行われた音楽祭で水野修孝の交響詩「夏」の海外初演があった。当日の批評には「Mizuno has the skill to blend varied instruments and moods」とあったが、水野はあらゆる音楽・楽器を絶妙にミックスしてハイブリッド化させる手腕を持つ巨匠なのである。一九三四年、徳島生まれの千葉育ち。同世代の作曲家としては三善晃や一柳彗などがあげられる。若き日から音楽とは付かず離れずに居たが、千葉大学文学部でオーケストラ部に入り、ヴィオラを担当。その才能を認められ学生指揮者となり、一九九五年まで同楽団を指揮した。千葉大の後には東京藝術大学の楽理科で作曲家の柴田南雄や民族音楽の小泉文夫に学んで本格的に創作をはじめた。活動の初期には即興音楽や電子音楽など実験的創作を行い、小杉武久やオノ・ヨーコらと共演している。当時の最先端を行く、偶然性やクラスターなども用いて評価され、一九六〇年代後半から渡辺貞夫に師事したジャズを現代音楽にブレンドした作品も多く書き下ろして日本ジャズディスク大賞の三位になったこともある。一九七三年にはロックフェラー財団により高橋悠治や武満徹らと同じくニューヨークへ招聘されアメリカで活動したことも特筆される。

水野のトレードマークとも言えるのが、二つ以上の要素をかけ合わせ、より優れた結果を生みだす混血・ハイブリット化である。その極みとも言うべき作品が《交響的変容》。これは約二十五年かけて完成した全四部の交響曲であるがそこでは音楽の歴史と変容、すべての在り方が模索され、かけ合わされる。西洋音楽だけではなく、世界中の民族・宗教音楽がミックスされ、ジャズ、ロック、日本のリズムが同居し、ミサ曲と法華経が同時に合唱されるのである。演奏には九人の指揮者と管弦楽、合唱など総勢七百人、三時間を要する。その他の創作としては現在までに三つのオペラ、四つの交響曲、ミュージカル、打楽器、室内楽、前述のジャズ、合唱、電子音楽等、幅広いジャンルへボーダーレスな活動を続ける。二〇〇〇年頃から弦楽合奏を多く書いており、本日演奏される《ヴィオラと弦楽オーケストラのための協奏曲》は二〇一四年の作で三つの楽章からなる。これまでの水野の創作の延長線上にあり、生き生きとした特徴的リズム、美しいメロディー、ハーモニーは水野ならではのもの。しかし、ただキレイでは終わらない、第三楽章フィナーレであらわれるヴィオラソロは息を呑むほどの超現実的時間の流れがある。特別なことや特殊な技法は使わずに大胆な構成で聴かせる新しさがある。作曲家が様々な創作を経て、シンプルな編成と向かい無駄なく自己を発揮した価値ある創作といえよう。きっとヴィオラのレパートリーとして残っていくはず。

今回は、二〇一四年の初演後に微小な楽譜の改訂を行ったヴァリエーションによる初演となる。（4）

この日、最後の演目は高橋悠治が作曲した《苦艾》で、京都フィルハーモニー室内合奏団が高橋に委嘱した作品であり本邦初演であった。

馬場が独吟連句《苦艾》を創作する動機となった名染織家、志村ふくみのプロフィルについて左記のような解説がある。

志村ふくみ氏（しむら ふくみ、一九二四年（大正十三年）九月三十日―は、日本の染織家、紬織の重要無形文化財保持者（人間国宝）、随筆家。草木染めの糸を使用した紬織の作品で知られる。滋賀県近江八幡市生まれ。一九四二年（昭和十七年）、文化学院卒業。三十一歳のとき、若い頃に柳宗悦の民芸運動に共鳴して織物を習っていた母・小野豊の影響で、織物を始める。農村の手仕事だった紬織を「芸術の域に高めた」と評価され、一九九〇年（平成二年）に紬織の重要無形文化財保持者（人間国宝）の保持者に認定された。[2] さらに平成二十七年度には文化勲章を受賞した。

指揮者の齊藤一郎は馬場が作詩し、高橋が作曲した《苦艾》についてエッセイ「古都に集う音と言葉」で以下のように語った。

いつか馬場先生の俳句と音楽によるコラボレーションをやりたいと考えていたのだが、京都で実現する目途が立った。曲を誰に書いてもらおうか？　高橋悠治さんしか思い浮かばなかった。[3]

その後、馬場は二年間に体験した様々なイメージを独吟として完成した。齊藤一郎が高橋悠治に《苦艾》の作曲を依頼した。演奏会当日、京都フィルハーモニー室内合唱団の会場で、《苦艾》の着物が舞台下手前に展示された。《苦艾》

の最初の部分が楽器で演奏された後、続いて片山九郎右衛門が《苦艾》を朗詠した。聴衆は初めて音を通して独吟連句《苦艾》を聞いた。《苦艾》の連句の謡いによって、こうして高橋悠治が作曲した《苦艾》楽曲の印象を鑑賞することになった。

高橋の経歴は以下のとおりである。

一九三八年、東京生まれ、作曲家、ピアニスト、エレクトロニクス。六十年、ポー・ニルソンの日本初演でピアニストデビュー。六三年、渡欧し、ヤニス・クセナキスに師事し、各地で演奏活動をしながら、数学を応用した作曲を行った。一九七二年帰国後、柴田南雄、武満徹らと「トランソニック」を組織。一九七八年、「水牛楽団」を結成し、アジアの低抗歌の演奏活動を続ける。以後は作曲・演奏・即興で少数の協力者と活動を続ける。「高橋悠治コレクション一九七〇年代」、「音の静寂静寂の音」、「きっかけの音楽」、「カフカノート」など著書多数。（2）

京都フィルハーモニー室内合奏団は、高橋悠治の作曲家と作品について、左記のように解説している。

ファンは、高橋悠治のことを親しみを込めて「ユウジさん」と呼ぶ。現在、これほどに憧れを持って語られ、尊敬を集める現役の音楽家は多くない。一九三八年に生まれ、幼少期から作曲とピアノを始め、十歳で既にカミュやサルトルを読み、二十二歳で複雑極まるピアノ曲を弾いてピアニストデビューして以来、世界で認められた。ブーレーズ指揮のクセナキス《エオンタ》、小澤征爾指揮の武満徹《アステリズム》など伝説の名演も知られる。共演オーケストラもロンドン交響楽団、ニューヨーク・フィル、ボストン交響楽団など様々である。ピアノソロやデュオ、室内楽は、妹の高橋アキ、一柳慧、野平一郎、坂本龍一、藤井一興など錚々たる面々と共演を重ねているが、オーケストラという組織には常に疑問を投げかけ、たびたび「オーケストラに書くようなことはしない」と発言しているが「オーケストラ改造試案」では新曲を書くための考えについてこう述べている。

「やる音楽にあわせて人間をあつめてくるようなものから、人間にあわせて音楽をえらび、つくり、つくりなおす。あたらしいオーケストラを組織することは、最終的にはあたらしい聴衆をつくりだすことにむかう。」

また作曲については、高橋は「将来、人類が死滅したとき、人類にとって代わる新しい知性に残すために書く」と答えたこともよく知られた話である。

今回の《苦艾》は《大阪一六九四年》以来、五年ぶりの交響作品であり、前作と同じく独吟連句の朗読を伴う。音符を一切使わないで書いたオーケストラ曲もある彼らしく、指揮者を中心にヒエラルキーを作って統制する音楽とは違って、演奏者の自主性も重んじた独自な発想の作品である。音楽はイントロダクションと馬場駿吉の独吟連句とともに十九の部分からなる。（2）

曲中で馬場の独吟連句《苦艾》を朗唱した名能楽師片山九郎右衛門のプロフィールについては左記のような解説がある。

片山九郎右衛門は詠み人を務め、観世流能楽シテ方。故片山幽雪（九世片山九郎右衛門）の長男として生まれる。平成二十三年一月に十世片山九郎右衛門を襲名する。（2）

馬場駿吉によると、苦艾はウクライナ語でチェルノブイリといい原発事故のあった地方に自生し、また毒と薬の両面があるという。馬場は、二年前、京都での志村ふくみさん米寿のお祝いの会に招かれた時、苦艾染めの糸で織った爽やかな薄緑の着物姿で登場されたのには驚く。苦艾はアルコール度約七〇％の緑色のリキュールとして知られる。アプサンの主要香味料として用いられる植物である。

馬場は、「苦艾」で自ら染め、織り上げた紬の衣に身を包んだ志村ふくみに出会い、「苦艾」としてこの世に存在する不思議さに胸を打たれて短い言葉となった。

それを次のような発句とする今回の半歌仙となった。

馬場は、発句と連句からなる独吟半歌仙であるが、二年前に、苦艾の独吟半歌仙の発句となった。次の句が浮かんだ。


爽やかに着て苦艾染（にがよもぎぞめ）の衣（きぬ）

管弦楽団全員がスコアを見る。スコアは二ページの見開きになっていた。片山九郎右衛門が連句を朗唱する。次いで、音楽も連句形式を倣って演奏する。音楽は、その瞬間、連句のような形式と転じ、前の句につけて演奏をする。すると音楽もそのようになる。どこへ行くか分からない。

触すみし月ほのと赤らむ…


本番の演奏会の前に管弦楽団は《苦艾》を三日間練習した。本番前の日にはゲネプロがあった。曲はふつう楽譜に書いてある。フォルテ、ピアニッシモといったように。しかし、《苦艾》ではその指示が何もない。

本番の演奏は、練習と異なって、様々な制限がある。ところが、楽譜には、テンポ、強弱が書いてない。そこで、指揮者が調整し、纏めることになる。

高橋が作曲した《苦艾》にはグスタフ・マーラーのような威圧的な調子は一切ない。従って、オーケストラ作品とは異なる。

片山九郎右衛門は次のように詠いはじめた。

言霊に音魂会いし桜かな
瞬間が色とりどりに散るその場限りのあそび。

武満徹が作曲した『ノヴェンバー・ステップス』は（一九六七）は、小澤征爾指揮ニューヨーク・フィルハーモニックによって初演され、オーケストラに琵琶と尺八を交えた演奏だった。

高橋悠治作曲の《苦艾》は能楽師の声音に馬場の独吟連句を、いわば音を乗せ、重ねた演奏である。

馬場は、既に、自作の句画集『海馬の夢—ヴェネツィア百句』（深夜叢書社、一九九九年）で、オペラ歌手がそれらの俳句を歌い、演奏を行っていた。馬場はヴェネツィアの四季の変化と、ワインのような香気に誘惑され、その後十回ほど訪問し、その度毎にオマージュとして捧げた句を纏め句集『海馬の夢—ヴェネツィア百句』を上梓した。氏の友人で愛知県美術館の学芸員拝戸雅彦はイタリアの詩人や翻訳家たちとのネットワークがあった。そこで、拝戸の仲立ちで、詩人のルイジ・チェラントラが『海馬の夢—ヴェネツィア百句』をイタリア語に翻訳したが、その結果として、それは史上初の日伊対訳個人句集となった。装丁は版画家の北川健次に依頼したものであった。また、北川はオブジェも手掛けていたので、句集『海馬の夢—ヴェネツィア百句』に因んだ箱型のオブジェの一部に、イタリア語に翻訳した句を刷り込むという希望を提案した。馬場が句集『海馬の夢—ヴェネツィア百句』を刊行しておよそ半年後、ヴェネツィアの著名な作曲家・指揮者のマリーノ・バラテッロが、馬場の句集を題材に新作の声楽曲を作曲し、更にサンタ・マリア・デッラ・ビエタ教会聖堂で初演する計画を提案した。歌はヴェネツィアに在住の日本人ソプラノ歌手、松島理恵が担当する予定になった。馬場は「俳句の国際化」について次のように述べている。

その時、俳句に関するシンポジウムも開かれたが、最後に聴衆から、俳句の日本語としての響きを楽しみたいので音読して欲しいという要請があった。詩は朗読されるものだ、というヨーロッパの伝統の確かさが、その時の熱い拍手からも身に伝わって来た─日本の詩歌も本来そうなのだが。ともかく俳句の国際化は急ピッチだ。[4)]

馬場の独吟連句《苦艾》は次のような内容であった。

《苦艾》　馬場駿吉　独吟半歌仙

爽やかに着て苦艾染（にがよもぎぞめ）の衣（きぬ）
触すみし月ほのと赤らむ
はぐれ咲きしてゆるぎなき曼珠沙華
放蕩息子父死後帰宅
星涼し時間光を追ひ越せず
少女連作して画家晩夏
ただ人の住むが古城を守る術（すべ）
一角獣をひたすらに恋ひ
八十路なほリルケ詩集を手放さず
古書店主（あるじ）代替りして

絶滅を危惧されしゆゑ檻暮し
誰にも明日のこと知り難く
友逝きて舗道も荒野の月
戯画の獣に冬眠ありや
遙かなり前足が手となりたる日
夢の余白に瀬音がかすか
一瞬も永遠のうち飛花落花
時空の糸を織り成して春　（6）

馬場が独吟連句《苦艾》の成立について解説したメッセージは以下のような内容のものであった。

苦艾といえば七〇％の酒精分を含むリキュール「アブサン」に特有の香味をつける植物。その強い苦みは苦悩、辛苦の隠喩として聖書にも数カ所登場する。一方適量ならば強壮・駆虫などの薬効作用を現わす二面性を持つ。その苦艾で自ら染め、織り上げた袖の衣に身を包んだ志村ふくみさんに出会ったのは二年半前のこと—澄んだ薄緑色そのままが爽秋の微風のようだった。アブサンに添える魔性をこの織物に宿す聖性にスイッチする仕掛け—それが苦艾としてこの世に存在する不思議さに胸打たれ、短い言葉となった。

それを発句とする今回の半歌仙はそれから二年半の身辺に偶発した様々な行方知れずの事象、心象を連鎖的に繋げたものであって、あたかも飛花落花の舞う春の揚句にたどりつくことが出来た。この言霊と音霊の出会いの場にかかわって下さったすべての方々に感謝したい。（6）

高橋悠治が作曲した楽曲《苦艾》について解説したメッセージは左記のように内容が示された。

半歌仙は十八句。季節はめぐるが、同じ花は戻らない。連句による音楽というだけでなく、連句のような音楽がある。二十世紀も六十年代までは作曲は構成だった。いまは音楽を作るプロセスそのものが音楽になる。即興が次の即興を呼びよせ、余白が新たな空間をひらく。折り重なる自由リズムと変拍子が交代する。全体の設計図はなく、それぞれの句は独立しているが、前後とのかかわりだけがあり、楽器や語り口が入れ替わり、方向を変えながら、ただ先へ行く。（6）

高橋の音楽は、譬えるなら、松尾芭蕉の「不易流行」を音楽で現すと言っていいだろう。高橋は俳句に興味を持ち続けており、俳句の「言霊」を音楽の「音霊」に創造する。高橋は『きっかけの音楽』所収の「作曲ノートから」のなかで、連歌について次のように述べている。

連歌ではもっとはっきりと、ことばの変容が文脈の変化を先導する。ことばのかすかな身ぶるいに沿ってスクリーンが切り裂かれ、思いがけない場面が展開する。南山の山奥で木から離れた数枚の葉が、遠く長安の街路に落葉の雨となって降り注ぐ。絵巻物の空間。

引用の織物。引用するテクストは引用されるテクストを他のすべての引用のなかに埋める。その時引用されるテクストは、引用されることによって異なる読みに不可避的にひらかれる。それを敷衍すれば、テクストの流れに沿った意味の連続はきめのあらい見かけだけのもの。一つのテクストは実際には、これまでのあらゆる読みによって孔を開けられた不連続な空間。[5)]

ちょうど、寺山修司が歌集『田園に死す』を同名の映画で短歌をスクリーンにインポウズして、役者が東北方言で音読した方法とどこかで通低している。[6)]

高橋は、自著『カフカノート Kafkas Hefte』で言葉を極限にまで求めている。高橋はそのあとがきの『「カフカノート」の後に』で、次のように書いている。

練習はまず歌を一節ずつ全員でうたうことからはじまった。次に全員でテクストを朗読する。それから各断片を分割して読み、あるいは歌い、ノートのページをめくって交代する。読み手以外の三人は、自分で考えた動きをためす。それらの動きをその場にいあわせた全員が見ながら、少しずつ修正していくが、細部まで決め固定することは避けて、その場で還る余地を残す。

こうして二日目には全体の通し稽古ができるまでになった。演出家はいないから、一つの視点ではなく、様々な視点を組み合わせて、ゆるい約束ごとができていく。それで、全体を構成し、台本を書き、作曲をした時の予想がまずためされることになる。[7)]

高橋は、この『カフカノート Kafkas Hefte』で「朗読としぐさとピアノのために」を再録し、ナレーションと台詞と楽譜を明記している。それを見ると、高橋の音楽を視覚化して伺うことができる。それに比べると、《苦艾》のスコアは、馬場の独吟連句《苦艾》の印刷物しか今のところ入手できない。浅田彰がネットに公表した高橋の《苦艾》演奏批評によって全体の一部をうかがい知ることがかろうじて出来る。

しかし高橋が著した『カフカノート Kafkas Hefte』の説明を通して、高橋が《苦艾》演奏で意図した音楽の構成を推測できる。

このテクストと音楽と行為によりながら、演劇でもオペラでもない、作品でさえないこころみは、練習に近い。逆に、その練習は練習ではなく、毎回少しずつちがう上演とも言える。いつまでも未完成で、いつまでもやりなおせるあそび。（99）

高橋の音楽は、浅田彰が『ヘルメスと音楽』の中で説いている「あそび」を思い出させる。ニーチェの『悲劇の誕生』とは異なって、未開人がフライパンを叩いてノイズを掻きたてる行為を思い出させる。従って、高橋の音楽は、作曲者高橋も演奏家も役者も先がどうなるのか皆目見当がつかないのである。

ただ一方向に直線的にすすんでいるわけでもなく、立ち止りふり返り曲がるだけではなく、以前のどこかの地点に戻ってやりなおすこともあるだろうが、さかのぼってそこからまたすすむ場合は、同じ道をおなじようにすすむのではなく、今まで見えなかった脇道に曲がってそこからちがう方向にすすむこともあり、循環するのは同じ水ではないばかりか、同じ水路でもないかもしれない。何回も曲がっていくうちにどこへ行くのかもわからなくなり、すすんでいるのかもどっているのかもわからない。古典的な主題も動機の展開も変容もなく、偶然の出会いから逸脱をかさねて主体も対象もないうごきそのものになっていく。これがエピクロス的クリナメンとオートポイエーシス的自己創出を重ねあわせた運動、カフカ的に言えば落ちながら跡を曳くうごきということになるだろう。階段を転げ落ちていくオドラーデック。（106—107）

高橋は、カフカの定め無き動きからはベケットの失語症的言語を想起している。それればかりではない。既に俳句の影響を受けたベケットが言葉を短くしていったことはよく知られている。失語症患者が短い言葉を意味も分からず連呼する状況は、ベケットの芝居の台詞に似ている。俳句は世界で最も短い詩で、高橋は、ベケットの短い台詞に関心を懐いていたことが推察できる。

高橋が作曲した《苦艾》は前作品の《大阪一六九四年》と繋がりがないと言われている。しかし、高橋の『カフカノート』にはその暗喩的なコンセプトを示す一文がある。高橋の『カフカノート』は《苦艾》を解く鍵が暗示されている。


カフカの文章は、入眠幻覚のように、書こうとする意志を鎮めて、心身が脱力したときにあらわれるイメージやことばを捉えて、芭蕉がいうように「もののひかり消えぬうちに書き留める」作業が俳句に完結するのではなく、うごきだしたことばが停まりそうになる時には、うごきがそれ自体コマの緒のように鞭打っても先へ先へと逃げていく。落ちかかってくるものに対しては、まず避ける、それからすこしずつ近づいていく、触れてたしかめる、最後に受け入れる、という複雑な経路、まがりくねった慎重な対応の奇跡が産まれるだろう。（１０３―１０５）

高橋が作曲した《苦艾》の演奏は、集中して聴いているうちに、何時の間にか、入眠幻覚のような状況に駆り立てられた。

高橋は、《苦艾》で、片山九郎右衛門に馬場の連句形式十九句の朗詠を依嘱しているが、能のように、所作を極端にそぎ落として、肉声を楽器の一部に還元していた。片山九郎右衛門は《苦艾》の詩文を認めた巻物を、勧進帳の弁慶のように両手でさっと開き朗詠する。楽団も左右見開きの譜面を眼にしているスタイルと同じ位置付けをしているかのようだ。しかも、片山九郎右衛門は《苦艾》の詩文を、二句毎に中断して、その間に楽団が音楽を奏する。先に挙げた映画『田園に死す』で寺山修司が映画を途中で中断するように、片山九郎右衛門と楽団は入れ替わり中断して交互に先へ進む。

指揮者の齊藤は、《苦艾》を統率するのではなく、かつて福田恆存が演出家の役割について述べたことがあったが、

「役者を交通整理をするお巡りさん」のように奏者を導いていく。従ってマーラーの音楽のように統一感を期待する事が出来ない。いわば、プルーストがドビュッシーの音楽を何度も繰り返し聞いて水の戯れを感知していくように、高橋の《苦艾》の音楽は何度も何度も繰り返し、繰り返し聴いて掴みどころのない水の戯れのような高橋の《苦艾》の迷路を辿るほかないようだ。

高橋の《苦艾》は、氏自身を含め、誰も聞いたことのない音楽を聴衆に提示したのであり、本番前のゲネプロや練習でさえも、同じ演奏スタイルではなかったという。

高橋の《苦艾》は、題名が付いているが、題名のない音楽に等しく、聴衆を容易に引き付けない。高橋が浅田彰との対談『高橋悠治対談選』で述べているように[8]、ワグナーの音楽『ニュールンベルグの指輪』のラインの乙女ははっきりとした妖精であるが、ドビュッシーの音楽『ペレアストメリザンド』では掴みどころのない水のように不定形な音楽であるから、同じ妖精でも似て非なる音楽を目指している。

この示導動機の使い方には、ワグナーと比較して、二つのちがいがある。ワグナーの示導動機は、はっきりした意味をもち、人間の性格や、心理の力学の因子として、原型が認識できるかたちで再現する。それは十九世紀小説の主要人物が、いつもおなじ性格をあらわすあれこれの細部をともなって登場するのに似ている。（略）この意味で「ニュールンベルグの指輪」は、示導動機のくみあわせの、複雑な方程式なのだ。（略）ドビュッシーの示導動機は身ぶりであり、それがはっきりした奇跡をのこせばのこすほど、その意味はアイマイのままにとどまる。この多義性にしたがって、示導動機はたえず変形され、予期しないかたちであらわれる。この変形の過程は「ペレアス」全曲を通じて追跡されるだけではない。ドビュッシーの全作品を通じて、何回も再現するいくつかの動機（というよりかたち）があるとさえ、かんがえられる。（２６８）〈きっかけの音楽〉

水の精でいえば、アンデルセンの『人魚姫』と同じ水の精であるジャン・ジロドウの『オンディーヌ』の水の精のように両者は似ているが、実は似て非なる人魚である。或いは、ロジェ・カイヨワの『石』に描かれた「処女水」は地球誕生の時以来溶岩に閉じ込められ冷えた石のなかで動きつづけている。この「処女水」の如き「人魚」の正体を「水」に求めることができる。

寺山修司は『田園に死す』で亡き母を恋い慕う息子を描いているが、母の声はすれども姿を決して見せない。寺山は、『青ひげ公の城』で姿を現さない亡霊青ひげを書いた。寺山はジャン・ジロドウの『オンディーヌ』が好きで、自らマリオネットを使って『人魚姫』を劇作し足が不自由で異形の身体をした不自由な人魚姫を描いた。[9)]

3　高橋悠治の師ヤニス・クセナキス

高橋悠治が師事したヤニス・クセナキス（一九二二年五月二九日―二〇〇一年二月四日）は、ルーマニア生まれのギリシャ系フランス人の現代音楽作曲家であり建築家でもあった。

ヤニス・クセナキスはアテネ工科大学で建築と数学を学び、第二次世界大戦中にレジスタンス運動に加わった。銃弾を受け顔の左側に傷を負い、左眼を失った。クセナキスは一九四七年にギリシャを脱出し、アメリカへ亡命しようと立ち寄ったパリに定住した。クセナキスは欠席裁判で死刑が宣告され、一九五一年に禁固十年に減刑され、一九七四年刑が赦免された。クセナキスは、以後生涯の大半をフランス国内で過ごした。一九四八年より建築家ル・コルビュジエの弟子として学び、ブリュッセル万国博覧会（一九五八年）でフィリップス館の建設に携わった。

フィリップ館の内部にいる時、ひとはその幾何学を意識することなく、その曲率に影響される。感覚が鋭くなると、たとえば仮にシェルの表面に急に平面部分を導入したとすれば、結果は眼にも皮膚感覚にも耐えられない不調和であるう。[10]

このフィリップス館ではエドガー・ヴァレーズの大作で電子音楽の「ポエム・エレクトロニーク」が演奏された。ヤニス・クセナキスは建築家として、コルビュジェの弟子になって働きながら、パリ音楽院で作曲方法を学び、作曲に数学の理論を応用した方法を発案した。

確率計算の導入（確率音楽）によって、時間外構造と非対称性の現在のささやかな展望は完全にさぐりつくされ、とじられた。しかしおなじ導入の行為によって、確率論は音楽思想を、この限界をこえて、音の雲や音の量的事象、また統計学的に区分された大数的造形へ飛躍させた。「垂直」と「水平」の区別は消滅した。時間内の非決定論が公然と音楽構成にはいりこむ。そして、ヘラクリイトス弁証法の極として、非決定論は特殊確率関数によってたいへんゆたかに色どられ、構造化され、組織されるようになった。(58)

晩年、ヤニス・クセナキスは原稿の執筆が不可能になり高橋悠治の校正が欠かせなくなってしまった。遂には作曲が困難になった。クセナキスは一九九七年に書いた作品に「オメガ」と題名をつけたあと、二〇〇一年に生涯を終えた。一柳慧は「ジョン・ケージの影響を受けなかった作曲家などいないはずだ、しかし一人だけ例外がいて、それはヤニス・クセナキスであった」（ヤニス・クセナキス Dictionnaire Classique）と述べた。

「語ることのできないもの、近づくことのできないもの、これはわたしの音楽によって到達するのだ」とかれは言っている。知性への全面的な信頼、合理と非合理の中に身をおき、創造的な行為によるそれらの統一をはかることは、ギリシャの伝統であり、この伝統に立つから、近づけないものにも到達できるという確信にみちた態度も生まれるのでは

ないか。（176）

ヤニス・クセナキスは後にパリ音楽院でオリヴィエ・メシアンらに師事した。このときに、クセナキスはメシアンの忠告を受け入れた。

メシアンの忠告―あなたは数学をしっている。なぜそれを利用しないのか。

仮定から公理をみちびき、計算方法を確立する。しごとはそこではおわらない。かれは計算結果に介入するのがすきだ。音楽をやることは苦行であり、困難によって知性をきたえることが問題なのだ。「音楽は音によって知性を表現することである。」それは理論を踏み台にしてもっと遠くへゆく。かんたんな方程式から、かなり複雑な音響をつくることができる。それは概念芸術にとどまるのでなく、実践の間は変化をかさね、ついには出発点の方程式に還元できない点に到達する。（175）

クセナキスは、その後数学の論理を用いて、コンピュータを使った確率論的手法で多くの斬新な作品を作曲した。

「一九四四年十二月、アテネの寒い夜、街路での巨大なデモンストレーション、時々の、えたいのしれない、致命的なノイズ。ここから集団という発想、確立音楽が生れた」と、かれは後に書く。かれ自身も、そこに銃をとっていた。何回も投獄され、片目をうしない、死刑宣告をうけた。政治の殉教者となるかわりに、生きのびることをえらんだ時、これらの体験は、ひとつの音楽の創造へむかった。（174）

ヤニス・クセナキスは、高橋悠治の協力を得て、室内楽や独奏でも優れた作品を発表し続けた。クセナキスは、会場内に奏者がアットランダムに配置される管弦楽曲「ノモス・ガンマ」によって、作曲家としての頂点を迎えた。「ノモス・アルファ」で一個のチェロで演奏された、有限群によってあらわされた有限組み合わせ論的構成は、「ノモス・ガンマ」（一九六七―六八）では大オーケストラにうつされる。九八人の演奏者は聴衆のあいだにちらばる。このちらばり方が「ノモス・アルファ」の構造を拡大するのに役立つ。（124）

ヤニス・クセナキスは日本の大阪万博に参加し、〈ヒビキ・ハナ・マ〉（響き、花、間）（一九六九年）という日本語の題を持つ電子音楽を発表した。その後、〈メタスタシス〉以前の習作に見られるギリシャの民謡に基づくアイデアを混合させた作曲を手がけるようにもなった。高橋はクセナキスの〈メタスタシス〉との出会いを『音の静寂』の中で次のように述べている。

絶対的に新しい音の出現は　一九六一年クセナキスに会うことになる直前に偶然ラジオで〈メタスタシス〉をきいたとき　感じたことだった　それからの一〇年間かれのかたわらにいてその頃はただ一人の弟子でありピアニストであり協力者のひとりであったあいだは　いまふりかえると　その音の顕れをとらえる手段である数学や構造的な思考に逆にとらわれていたのではなかったかとも思える[11]

クセナキスはピアノのための〈エヴリアリ〉でメシアンとロリオの激賞を受けることになった。ロストロポーヴィチ国際チェロコンクールのために書かれた〈コットス〉は世界中のチェリストによって称賛され弾き継がれている。クセナキスは「非合理時価を互い違いにかける」というアイデアをとり入れたが、これはメシアンが実現させたアイデアだった。メシアンが単なる付随効果として使用したのとは対照的に、クセナキスは積極的にオーケストラの全声部に適用させて高度な技法で音楽を実現させる技法を極めた。

時間内構造のために委縮に追い込まれた時間外カテゴリーを音楽の一般的進展に対抗して再導入したのはドビュッシーとメシアンのフランスだったということをここで強調したいと思う。事実、無調性は諸音階を廃止し、半音階の時間外中世状態を受け入れた。（しかもこの状況は五十年以後も実際には変わっていない。）この貧困化を補うために、シェーンベルクによって時間内配列が導入された。後に、わたしの導入した確率過程とともに時間内カテゴリーの肥大症は耐えがたくなり、行詰りに達した。（81—82）

クセナキスの作品は、これらのアイデアで一九八〇年代に、音楽的な密度も潤うことになった。音色が単一である場合は複雑性が知覚の限界を超えてしまうために難解だが、オーケストラ作品では複数の楽器に明け渡されるために、その結果可聴域の限界を超えた音色が展開された。

こうして、確率論と群論の二つの翼をもった、この合理主義（なぜなら確率論は、不確定なものをそのままで制御しようとする、合理主義の戦略だから）は、それをこえたあるものへ向かって飛び立ってゆく。抽象的な方法は踏み台であり、音楽の中で超越される。（176）

ヤニス・クセナキスは前作の素材を切り取って次の作品に生かす「再作曲」法を一九九〇年代には絶えず行うようになった。そして、クセナキスは打楽器とアンサンブルの「オメガ」で作曲家の仕事を終えた。

高橋の音楽を理解するためにはヤニス・クセナキス著『音楽と建築』と氏のあとがきから手掛かりの一端にせまることができる。高橋が馬場の《苦艾》を作曲する動機にはクセナキスの音楽と深いところで繋がりがあることが見えてくる。また斎藤一郎が観世流能楽シテ方の片山九郎右衛門を詠み人に選んだ理由も、クセナキスの音楽がギリシャ劇や能と深い繋がりがあるからではなかろうか。

更に、高橋が、黛敏郎、水野修孝、H・アイスラーと共に京都フィルハーモニー室内合奏団第一九八回定期公演の選曲として選ばれた理由も《苦艾》初演と深い関係がある。先ず、高橋は、黛敏郎、水野修孝と同時代の作曲家であった。また、H・アイスラーはシェーンベルクと師弟関係がありながら後に袂を分かち合った理由も、クセナキスの音楽がシェーンベルクの無調音楽と拮抗していた背景を想定すると、クセナキスが直面していた時代の音楽上の背景を熟知したくなる仕組みになっていた。

高橋が馬場の連句《苦艾》を素材にして作曲した楽曲とクセナキスの音楽とは無関係だとは思われない。高橋がクセナキス著『音楽と建築』の訳者あとがきでクセナキスの音楽を次のように説明している。

この音楽は、また最近の、光と音の構成や、行為をともなう作品には、日本の能やカブキ、ロシア構成主義、特にマーレヴィッチとメイエルホリドの遠いこだまをききとることもできるが、その普遍化をめざす方法論にもかかわらず、いや、おそらくそれゆえに、既成のどんなものにも似ていない。現代音楽に大きな影響をあたえはしたが、それ自体は孤立している。それは結局、宇宙論の規模に拡大されたギリシャ悲劇であり、運命からの解放がその主題であると、かんがえることができるだろう。（176）

馬場の《苦艾》を高橋が作曲しそれを齊藤が指揮して演奏した時、クセナキスの音楽がそうであるように、何者をも容易に寄せ付けないが運命から解き放たれた孤高の音楽となった。

4　まとめ

マルセル・プルーストは『失われた時を求めて』の第二篇「スワンの恋」で新曲が披露される場面を描いている。スワンは心の懊悩のなかに新しい音楽に耳を傾ける。『失われた時を求めて』の結末に当たる第七篇「見出された時」では、プルーストの分身であるマルセルがヴァントゥイユの音楽に耳を傾けた時、この大交響曲が奏でる大伽藍のような広大な音楽のなかに、未完の大ロマンの構想を心に抱く。その新機軸が見出された時であり、心が癒されて全ての苦しみから救われる瞬間である。

正に、馬場の独吟連句『苦艾』は連句と現代音楽と能楽とが渾然一体となって再び姿を現わした新作の発表会であり、偉大な作曲家、高橋悠治と偉大な能楽師、片山九郎右衛門とが紡ぎ出した室内楽となって誕生したのである。ジャン＝ポール・サルトルでさえ、プルーストの小説『失われた時を求めて』を小説ではなく「嫉妬」を分析した心理学書か医学研究書であるかのごとく批評した。[12)]

馬場は独吟連句『苦艾』で、毒性の植物と、えもいわれぬ色に染め上げた染料との相反した双頭の鷲のような植物苦艾に、科学者と俳人とのハイブリッドな感覚で連句『苦艾』を歌いあげた。

作曲家の高橋悠治はその『苦艾』を新しい曲に纏めあげた。高橋の新曲『苦艾』によって、馬場の独吟連句『苦艾』は最も斬新で前衛的な現代音楽として蘇ったのである。そもそも連句そのものは前後の繋がりはなく一つの統一したプロットはない。高橋は、師のクセナキスが西洋音楽のメロディーを破壊し単調な音色にしてしまったように、前後の繋がりを断ち切るリズムで、独吟連句『苦艾』が持つ固有の素材に最も近い音色によって表現した。二〇一五年、京都フィルハーモニー室内合奏団第一九八回定期公演の本番での演奏は、能楽師のエロキューションが連句の持つ芭蕉の軽みを抑えてしまったが、それも新しい音色として、同時に、双頭の鷲の乱舞として、サイレーンのような効果を発揮し、遂には音楽自体が催眠効果をかもしだした。その結果、馬場の独吟連句『苦艾』は本来文字に閉じ込められたアットランダムな小宇宙が持つ束の間の音として解き放ち新機軸を切り拓いてみせたのである。

注

1）京都フィルハーモニー室内合奏団第一九八回定期公演　3頁。以下、同書からの引用は頁数のみ記す。
2）ja.wikipedia.org/wiki 志村ふくみ 2015.5.5
3）齊藤一郎「古都に集う音と言葉」（『月刊なごや愛知・岐阜・三重』第390号北白川書房、二〇一五・三）、23頁。
4）馬場駿吉「俳句の国際化」（『星形の言葉を求めて』風媒社、二〇一〇）、55頁。
5）高橋悠治『きっかけの音楽』（みすず書房、二〇〇九）、9―10頁。
6）『寺山修司全シナリオⅠ』（フィルムアート社、一九九三）、239頁。
7）高橋悠治『カフカノートKafkas Hefte』（みすず書房、二〇一一）、100―101頁。以下、同書からの引用は頁数のみ記す。
8）『高橋悠治対談選』（ちくま学芸文庫、二〇一〇）、371頁。
9）寺山修司『絵本ミュージカル　人魚姫・王様の耳はロバの耳』（新書館、一九六八）、7―126頁。
10）クセナキス、ヤニス『音楽と建築』高橋悠治訳（全音楽譜出版社、一九七六）、154―155頁。以下、同書からの引用は頁数のみ記す。
11）高橋悠治『音の静寂　静寂の音』（平凡社、二〇〇八）、106頁。
12）日高六郎、平井啓之『サルトルとの対話』（人文書院、一九八〇・八・十）、73―74頁。

第六章　現代音楽メディア論
馬場駿吉と高橋悠治とヤニス・クセナキス

清水　義和・赤塚　麻里

1　はじめに

武満徹が作曲した『ノヴェンバー・ステップス』（一九六七）は、小澤征爾指揮ニューヨーク・フィルハーモニックによって初演され、三味線や笛太鼓を交えて演奏された。当時、聴衆は皆一様に戸惑いをみせた。だが、それから『ノヴェンバー・ステップス』が次第に評判になり何度も何度も繰り返し演奏されるようになった。武満の『ノヴェンバー・ステップス』を聴いているうちに、次第に不思議な音楽に親しみやすさを感じるようになった。最初聴衆は『ノヴェンバー・ステップス』は琵琶、尺八の音が混入されていたことに違和感を覚えた。だが、聴衆の多くは、繰り返し、繰り返し、演奏を耳にするうちに高揚感を覚えはじめ、徐々に進んで『ノヴェンバー・ステップス』を聴くようになった。武満はいかにもモダンでアーティストぽい作曲家で、絶えず音楽のイノベーションを求める求道者のように繊細な風貌をしていた。

馬場駿吉はエッセイ「ノヴェンバー・ステップス」で小澤征爾が武満の『ノヴェンバー・ステップス』をニューヨークで指揮した時の模様を描いていて、当時の日本の現代音楽の昂揚時期をうかがい知ることができる。馬場は耳鼻咽喉科の専門医であるが、武満の『ノヴェンバー・ステップス』に惹かれ『星形の言葉を求めて』の中で次のように批評を書いた。
初演時のリハーサルではオーケストラの奏者たちも最初はとまどいを隠さなかったが、ついには拍手に変わったという。[1)]

馬場は、銅版画家の駒井哲郎を介して瀧口修造と交流を深め、やがて武満と知己を得ることになった。武満が瀧口について書いたエッセイを読むと、馬場が瀧口と親密に交流した光景と重なり、彼らの息遣いまでが聞こえてくる。二〇一五年四月十一日に京都コンサートホールで、馬場の独吟連句《苦艾》に高橋悠治が作曲した新作を含む京都フィルハーモニー室内合奏団のコンサートを聴く機会があった。高橋の新作は、これまで一度も聞いたことのない音の戦慄に満ち、聴衆を容易によせつけない雰囲気に包まれていた。

マルセル・プルーストが著した『失われた時を求めて』の第二部「スワンの恋」に出てくるヴァントゥイユのソナタの新曲を聴衆が聴く場面がある。聴き手のスワンは最初耳慣れぬ音に戸惑いをみせる描写が綴られている。

ヴァントゥイユはプルーストがサン・サーンスを恐らくモデルにしたことは小説が発表されたとき以来知られていた。現在サン・サーンスは多くの聴衆に受け入れられてきたが、ヴァントゥイユの名前や音楽の方はフィクション『失われた時を求めて』の中で、小説が発表されたとき以来、未知のままである。そのため、『失われた時を求めて』の中でヴァントゥイユの新機軸となった曲と共に依然として新しい状態のままで今日に至っている。

武満の『ノヴェンバー・ステップス』が現在古典になってしまったのと比べると、ヴァントゥイユの音楽は、プルーストの小説が古典になった今でさえも、文字媒体にしか存在しない楽曲であるために未だに神秘に包まれている。

高橋の新曲は、その時代ごとに新機軸を現す曲であった。一九六二年七月一日に、安部公房原作・脚本の日本映画『おとし穴』が勅使河原プロダクション第一回作品として、ATG・チェーン劇場で公開された。音楽は一柳慧と高橋悠治が担当し、瀬川浩の撮影、守随房子の編集によって製作され、井川比佐志が主演した。『おとし穴』の映画音楽は、一九六〇年代の日本の時代背景を現しているが、高橋が師事したクセナキスから受けたモノトーンの旋律が今尚古びない。クセナキスの音楽が西洋音楽を拒み続けてきた状態の音色が高橋の作曲した音楽と共にスクリーンから聞こえてくる。本稿では、高橋がクセナキスから影響を受けた現代音楽の意味を明らかにする。

2　高橋悠治とヤニス・クセナキス

高橋悠治が師事したヤニス・クセナキス（一九二二年五月二九日―二〇〇一年二月四日）は、ルーマニア生まれのギリシャ系フランス人の現代音楽作曲家であり建築家でもあった。ヤニス・クセナキスはアテネ工科大学で建築と数学を学び、第二次世界大戦中にレジスタンス運動に加わった。銃弾を受け顔の左側に傷を負い、左眼を失った。クセナキスは一九四七年にギリシャを脱出し、アメリカへ亡命しようと立ち寄ったパリに定住した。クセナキスは欠席裁判で死刑が宣告されたが、一九五一年に禁固十年に減刑され、一九七四年に赦免された。クセナキスは、以後生涯の大半をフランス国内で過ごした。一九四八年から建築家ル・コルビュジエの弟子として学び、ブリュッセル万国博覧会（一九五八年）においてフィリップス館の建設に従事した。

When someone is in the Philips Pavilion, he doesn't consider its geometry, but succumbs to the influence of its curves. One is sensitized to such a point that if, for example, brutally planar sections were introduced on the surfaces of its shell, the result would be an intolerable cacophony for our senses.[2)]

フィリップ館の内部にいる時、ひとはその幾何学を意識することなく、その曲率に影響される。感覚が鋭くなると、たとえば仮にシェルの表面に急に平面部分を導入したとすれば、結果は眼にも皮膚感覚にも耐えられない不調和であろう。[3)]

このフィリップス館では、エドガー・ヴァレーズの電子音楽「ポエム・エレクトロニーク」が演奏された。その後、ヤニス・クセナキスは建築家として、コルビュジェの弟子として働く傍ら、パリ音楽院で作曲法を学び、作曲に数学の理論を応用した方法を発案することになった。

確率計算の導入（確率音楽）によって、時間外構造と非対称性の現在のささやかな展望は完全にさぐりつくされ、とじられた。しかしおなじ導入の行為によって、確率論は音楽思想を、この限界をこえて、音の雲や音の量的事象、また統計学的に区分された大数的造形へ飛躍させた。「垂直」と「水平」の区別は消滅した。時間内の非決定論が公然と音楽構成にはいりこむ。そして、ヘラクリイトス弁証法の極として、非決定論は特殊確率関数によってたいへんゆたかに色どられ、構造化され、組織されるようになった。(58)

晩年、ヤニス・クセナキスは、病気が悪化して、執筆の原稿は高橋悠治が校正せざるをえなくなり作曲が困難を極めた。クセナキスは一九九七年に作曲した作品に「オメガ」と題名をつけた。そのあと、クセナキスは二〇〇一年に生涯を終えた。

「語ることのできないもの、近づくことのできないもの、これはわたしの音楽によって到達するのだ」とかれは言っている。知性への全面的な信頼、合理と非合理の中に身をおき、創造的な行為によるそれらの統一をはかることは、ギリシャの伝統であり、この伝統に立つから、近づけないものにも到達できるという確信にみちた態度も生まれるのでは

ないか。（176）

ヤニス・クセナキスはパリ音楽院でオリヴィエ・メシアンらに師事した。このときクセナキスはメシアンの忠告を次のように受けた。

メシアンの忠告―あなたは数学をしっている。なぜそれを利用しないのか。

仮定から公理をみちびき、計算方法を確立する。しごとはそこではおわらない。かれは計算結果に介入するのがすきだ。音楽をやることは苦行であり、困難によって知性をきたえることが問題なのだ。「音楽は音によって知性を表現することである。」それは理論を踏み台にしてもっと遠くへゆく。かんたんな方程式から、かなり複雑な音響をつくることができる。それは概念芸術にとどまるのでなく、実践の間は変化をかさね、ついには出発点の方程式に還元できない点に到達する。（175）

クセナキスは、その後も数学の論理を用いて、コンピュータを使った確率論的手法で多くの斬新な作品を生み出した。クセナキスは次のように論じている。

「一九四四年十二月、アテネの寒い夜、街路での巨大なデモンストレーション、時々の、えたいのしれない、致命的なノイズ。ここから集団という発想、確立音楽が生れた」と、かれは後に書く。かれ自身も、そこに銃をとっていた。何回も投獄され、片目をうしない、死刑宣告をうけた。政治の殉教者となるかわりに、生きのびることをえらんだ時、これらの体験は、ひとつの音楽の創造へむかった。（174）

高橋悠治の協力を得て、クセナキスは室内楽や独奏でも優れた作品を作曲して発表した。クセナキスは、演奏会場内に演奏者がアットランダムに配置される管弦楽曲「ノモス・ガンマ」を創作し、作曲家としての生涯の頂点を迎えた。

「ノモス・アルファ」で一個のチェロで演奏された、有限群によってあらわされた有限組み合わせ論的構成は、「ノモス・ガンマ」では大オーケストラにうつされる。九八人の演奏者は聴衆のあいだにちらばる。このちらばり方が「ノモス・アルファ」の構造を拡大するのに役立つ。（124）

ヤニス・クセナキスは日本の大阪万博では、〈ヒビキ・ハナ・マ〉（一九六九年）という日本語の題名を持つ電子音楽を発表した。その後、〈メタスタシス〉以前に見られるギリシャの民謡に基づいたアイデアを混合させた作曲を手がけた。クセナキスはピアノのための〈エヴリアリ〉でメシアンとロリオの称賛を受けた。ロストロポーヴィチ国際チェロコンクールのために創作した〈コットス〉は世界中のチェリストによって弾き継がれている。クセナキスは「非合理時価を互い違いにかける」というアイデアを考案したが、元々メシアンが実現させたアイデアだったのだが、メシアンが単なる付随効果として使用したのとは対照的に、クセナキスはこれをオーケストラの全声部に適用させて数十段で演奏するという技法を極めた。

時間内構造のために委縮に追い込まれた時間外カテゴリーを音楽の一般的進展に対抗して再導入したのはドビュッシーとメシアンのフランスだったということをここで強調したいと思う。事実、無調性は諸音階を廃止し、半音階の時間外中世状態を受け入れた。（しかもこの状況は五十年以後も実際には変わっていない。）この貧困化を補うために、シェーンベルクによって時間内配列が導入された。後に、わたしの導入した確率過程とともに時間内カテゴリーの肥大症は耐えがたくなり、行詰りに達した。（81―82）

クセナキスの作品は、一九八〇年代、これらのアイデアにより音楽的密度が潤っていった。音色が単一である場合は複雑性が知覚の限界を超えてしまうため難解になったが、オーケストラによる作品では複数の楽器に明け渡されるおかげで、可聴域という限界を超えた音色による展開が可能になったのである。

こうして、確率論と群論の二つの翼をもった、この合理主義（なぜなら確率論は、不確定なものをそのままで制御しようとする、合理主義の戦略だから）は、それをこえたあるものへ向かって飛び立ってゆく。抽象的な方法は踏み台であり、音楽の中で超越される。（176）

ヤニス・クセナキスは、一九九〇年代、前作の素材を切り取って、次作に生かす為に「再作曲」を絶えず行った。そして、クセナキスは打楽器とアンサンブルの「オメガ」で作曲家としての生涯を終えた。

高橋の音楽や音楽理論を理解するためには、ヤニス・クセナキス著『音楽と建築』と高橋のあとがきを手掛かりにしてその一端に迫ることができる。

このようにして、高橋が馬場駿吉の独吟連句《苦艾》を作曲する方法にはクセナキスの音楽と深いところで繋がりがあることが次第に見えてくる。また斎藤一郎と京フィルが観世流能楽シテ方の片山九郎右衛門を詠み人に選んだ理由も、クセナキスの音楽がギリシャ劇や能と深い繋がりがあるからであった事が分かる。

高橋が、黛敏郎、水野修孝、H・アイスラーと共に京都フィルハーモニー室内合奏団第一九八回定期公演の選曲として選ばれた理由には《苦艾》初演と深い関係がある。先ず、高橋悠治は、黛敏郎、水野修孝と同時代の作曲家であった。また、クセナキスの音楽がシェーンベルクの無調音楽と拮抗していた背景を想像するとき、H・アイスラーがシェーンベルクと師弟関係にありながら後になって袂を分かち合った理由からかえりみると、クセナキスが直面していた時代の音楽上の背景を熟知したくなる要因にあふれている。

従って、高橋が馬場駿吉の独吟連句《苦艾》に曲を付けた楽曲は、クセナキスの音楽と無関係だとは思われない。高橋がクセナキス著『音楽と建築』の訳者あとがきでクセナキスの音楽を次のように説明している。

この音楽は、また最近の、光と音の構成や、行為をともなう作品には、日本の能やカブキ、ロシア構成主義、特にマーレヴィッチとメイエルホリドの遠いこだまをききとることもできるが、その普遍化をめざす方法論にもかかわらず、いや、おそらくそれゆえに、既成のどんなものにも似ていない。現代音楽に大きな影響をあたえはしたが、それ自体は孤立している。それは結局、宇宙論の規模に拡大されたギリシャ悲劇であり、運命からの解放がその主題であると、かんがえることができるだろう。（176）

《苦艾》を齊藤が指揮して演奏した時、それはクセナキスの音楽がそうであるように、何者をも容易に寄せ付けないが運命から解き放たれた孤高の音楽であった。高橋が『ことばをもって音をたちきれ』の中でホフマンシュタールの「チャアンドス卿の手紙」からの引用をしてブゾーニの位置を示すことによって、高橋の音楽の位置を示している。

リルケに捧げられたこの小さな本の扉に書かれた二つのモットー、「私には最後のことばがまだ欠けている」と「書くためだけでなく考えるためにもわたしに与えられることばは、ラテン語でも英語でも、イタリー語やスペイン語でもない、わたしのまったく知らないことば、沈黙しているものがわたしに語ることば、わたしが墓の中である日、未知の審判者の前で弁明しなければならないときのことばなのだ」というホフマンシュタールの「チャアンドス卿の手紙」からの引用はブゾーニの位置を示す。[4)]

期せずして、前述した高橋の「リルケに捧げられたこの小さな本の扉に書かれた二つのモットー」の一文は、馬場が独吟連句《苦艾》中の「八十路なほリルケ詩集を手放さず[5]」と深いところで呼応しあっているように思われる。

3 高橋悠治と馬場駿吉

マルセル・プルーストは『失われた時を求めて』の中の「スワンの恋」にヴェルデュラン夫人のサロンを紹介し、そこで新曲が披露される場面を描いている。スワンは心の懊悩のなかで新しい音楽に耳を傾ける。やがて、大ロマンの結末『見出された時』では、プルーストの分身であるマルセルがヴァントゥイユのソナタに耳を傾けたその瞬間、この大交響楽が奏でる大伽藍のような広大な音楽のなかに潜むエッセンスを聴きとり、遂に、未完の大ロマンの構想を抱くに至る。そのエッセンスの新機軸とは、マルセルが永年報われることがないと思っていた無意味な人生そのものが、その音楽を耳にした時、突然一瞬のうちに報われたと感じたからであり、その時、真実が眼の前に現れ見出されたと感じとったからであって、心の枷が解かれ全ての苦しみから癒された瞬間となったからである。[6]

馬場の独吟連句『苦艾』から生れた高橋の音楽は、新作の発表会で披露され、独吟連句と現代音楽と能楽とが渾然一体となって再び姿を現わし、偉大な作曲家の高橋と若き天才能楽師の片山九郎右衛門とが紡ぎ出して室内楽となって『苦艾』が誕生したのである。

指揮者齊藤一郎が俳句の師である馬場駿吉の連句『苦艾』を、作曲家の高橋悠治に委嘱して交響楽の初演が実現した。馬場は医師としてまた俳人でもあるが、作曲家の高橋悠治と対峙して独吟連句の組み合わせによって新曲が生れた。だが、そこから醸し出される音楽は人を容易に寄せ付けない巨壁のようなものとして立ちはだかった。

小説家で哲学者のサルトルは、一九六七年『サルトルとの対話』で医者の息子で小説家のプルーストが書いた小説『失われた時を求めて』を、小説ではなく「嫉妬」を分析した心理学書か医学研究書であるかのごとく批評した。[7]独吟連句『苦艾』を著した馬場は俳人で、耳鼻咽喉科医として作句したのであるが、高橋の哲学的感性によって裏打ちされた新曲『苦艾』は、俳人と哲学者と作曲家とをハイブリッドな精神で独吟連句と新曲とを絶妙に繋いでみせたのである。

哲学者ジル・ドゥルーズと精神科医フェリックス・ガタリによって発表された著作『アンチ・オイディプス』（一九七二年）によると、プルーストが書いた小説『失われた時を求めて』は、蜘蛛の毒によって刺されるが如く身体が麻痺し、人間には血が通わなくなり人間がロボットのように機械的に動いている様を巨壁が立ちふさがる様子として感知し、その障害をうかがい知ることができる。馬場によれば、「苦艾は、ウクライナ語でチェルノブイリの意味であり原発の放射能で汚染されたその地方に自生する草でアルコール度の高い酒アブサンに特有の色と香与える植物であるが、同時にえもいわれぬ美しい緑を発する植物」という。『失われた時を求めて』でマルセルはアルベルチーヌの放つ猛毒にさらされ息絶え絶えになるが、ヴァントゥイユの楽の音を耳にした瞬間、殆ど死に絶えていた心が生の更新を行うのである。

4　浅田彰と高橋悠治

浅田彰は高橋悠治作曲『苦艾』の批評を認めて、ドゥルーズ&ガタリの用語を次のように引用している。

（二〇一五年）四月十一日に京都コンサートホールで高橋悠治の新作《苦艾》を含む京都フィルハーモニー室内合奏団のコンサートが開かれた。（略）このような志向の音楽は近年のソロあるいは小編成の作品でも聴くことができたし、オーケストラのための《大阪一六九四年》も似たような書法によってはいるのだがオーケストラならではのダイナミックな響き、とくにグリッサンドなどが印象的だった半面大人数（大阪初演のとき五七人）になるとどうしても個々の楽器が自立性を保ちながら互いに呼応しあって進んでゆくこと（ドゥルーズ&ガタリの用語を使えばモル的な集団ではなく分子的な群れとして動いてゆくこと）が難しくなる。[8)]

浅田は『ヘルメスの音楽』の中で、ドゥルーズ&ガタリ共著の『千のプラトー資本主義と分裂症』を援用しながら、高橋悠治の音楽に対して新しい解読の手掛かりを与えてくれる。浅田の同エッセイで奏でられる冒頭のハンマーの音は、クセナキスが西洋音楽に衝撃を与えたシンセサイザーの音であり、未開民族の打楽器のノイズにとれた。浅田はニーチェが『悲劇の誕生』で解読したワーグナーの『トリスタンとイゾルデ』、『ニューベルングの指輪』の誕生したアポロンとディォニュソスの対立から、アポロンとヘルメスの対立に読み替えている。クセナキスの乾いたシンセサイザーからは、アポロンとディォニュソスの間の情念の対立ではなくて、むしろアポロンとヘルメスの間に無機質なハンマーのノイズとの対立を想い起させる。

『ヘルメスの音楽』には最後に絵画論が付け加えられている。なかでも、ヨハネス・フェルメールとフランシス・ベーコンの絵画論には、もう一捻りして、プルースト論が挿入されおり、そのコンセプトは現代にも受け継がれてきている。『ヘルメスの音楽』の中の音楽論は、容易に聴衆を寄せ付けない孤高な作曲家、高橋の音楽に、一歩、近づけてくれる。

松尾芭蕉の俳句を読む場合、文字を通して解読してきた俳諧の歴史に疑問が生じて来る。高橋の《大阪一六九四年》は、文字媒体の七五調を、芭蕉が死ぬ間際のリズムの息遣いに迫り、芭蕉自身に近づこうという試みであった。浅田によれば、高橋は作曲した《苦艾》で、過去の俳人ではなくて現代に生きる俳人馬場駿吉に焦点をあて、芭蕉の臨終の苦悩とは全く異なる着想で迫ろうとした。高橋は、芭蕉が臨終で死の病の苦悩を辞世の句に現わした状況が、馬場の独吟連句《苦艾》の中に潜むという。苦艾はチェルノブイリ原発に自生する放射能で汚染した猛毒と苦艾の発する色の美しさとの相反するところに焦点を当てて、高橋がパラドキシカルに、死の中にありながらも生の更新があることを読みとろうとしたと思われる。

浅田は、『ヘルメスの音楽』の音楽論の結末絵画論を付け加え、プルーストが著した『失われた時を求めて』の中の第三編「ゲルマント家の方へ」に描かれたアルベルチーヌ・シモネの描写を、リアルなものに肉薄してカメラに映った被写体のように千辺万化して表している。

浅田によれば、フランシス・ベーコンが描く化物のような人物画は、プルーストがアルベルチーヌを描写する叙述を絵画に表わしたものだと比較してみせる。浅田は『ヘルメスの音楽』の中で次のようにプルーストが「ゲルマント家の方へ」でアルベルチーヌを描写する叙述を引用している。


くちづけというものは、われわれにとって限定された視覚にしか存在しないとわれわれが信じていた一つの物から、その物が同時にそうでありうる百の他の物ふいに出現させることができるのである。（略）つまり、アルベルチーヌが以前バルベックでしばしば私にちがって見えたのとおなじように、このときも—たとえば、ある人とのさまざまな出会いにおいて、その人の風貌は我々の目にそのたびにパースペクティヴや色どりを変えるが、そんな変化の一こま一こまを、いま私がものすごく速い速度で回転させることによって、それらの出合のすべてを数秒の瞬間におさめ、そのようにして一人の個性を多様化している現象を実験的に再創造しようとし、その人がふくんでいる可能性のすべてを一つのケースからとりだすようにつぎからつぎへとひきだそうとしたかのように—私の唇をアルベルチーヌの頬にむけるその短い行程において私が目に見たのは、十人のアルベルチーヌなのだ、そしてこのたった一人の乙女がいくつもの顔をもった女神のようになって、私が近づこうと試みると、このまえバルベックで最後に私が見た顔は、またべつの一つの顔にとってかわるのであった。[9)]

まるで、アルベルチーヌを写真機かＤＶＤカメラで、瞬間、瞬間をとり、あたかも手術の胃の検査で内視鏡を覗く時のような、プルーストの詳細な描写は、浅田が指摘するように、仮に超速度で早送りをすると、フランス・ベーコンの絵画のように悪夢を思わせるグロテスクな絵に変形する。プルーストはカメラで覗くように、アルベルチーヌの表情を執拗に微細にひとコマずつ描写していく。

ところで私の視線が早く接吻するようにと私の口にうながしていた頬、その頬にまず私の口が近づきはじめたとき、その接近につれて、私の視線は、移動しながら、つぎつぎに新しい頬を目にすることになった。そしてぐっと間近に、拡大鏡で見るように知覚された首筋は、その皮膚の粗いきめのなかに、一種のたくましさを見せ、そのたくましさが、顔の性格を一変した。[10]（186）

フランシス・ベーコンがモデルにしたヒステリー状態を現した肖像画は、エイゼンシュテインが映画『戦艦ポチョムキン』のオデッサの階段シーンで、銃弾を受けて倒れる婦人の映像のバックに流れる音楽と一緒の状況において描いた。まさにその時と同じように、混沌と連打し続ける強打の連続で現した音とパニックに陥ったかのような女性を、浅田は『ヘルメスの音楽』の中でアルベルチーヌの表情に重ねて描いている。

フランシス・ベーコンの静止画を動画にして実写化したようなフィルムがある。その映像で暗黒舞踏家の土方巽は魔術的で異様な空間を産み出した。また、安藤紘平は「映画と私と寺山修司〝最近、なぜか、寺山修司〟」論の中で、自作の「オー・マイ・マザー」について次のように述べている。

「オー・マイ・マザー」は、デジタルシネマのはしりともいうべき、フィルムと電子映像とのミックスである。映像のループを作ってフィードバックさせ、正帰還（ポジティブフィードバック）させると音で言うハウリングのような現象が起こり、電子が勝手に動き出す〝エレクトロフリーラン効果〟が生まれる。この現象が起こると、映像は勝手に動き出す。一九六九年のことだから、当時としては極めて斬新な映像で、草月ホールで上映された時には、観客の中からも大きな歓声があがった[11]。

浅田は、プルーストが『失われた時を求めて』の中の第三篇「ゲルマン家の方へ」で、アルベルチーヌの描写を文章で現したのと異なって、写真撮影による画面効果として様々な画面に焦点を合わせ、フランシス・ベーコンのデフォルメされた人物像と比較している。近年、静止画のまんがを、動画のアニメに現し、更にそのアニメを実写で現す『眠りの森の美女』、『シンデレラ』、『この世界の片隅に』などがあるが、安藤の画期的な映写技術には及ばない。

映像作家の安藤は、かつてアニメ『リボンの騎士』を静止画の漫画から動画のアニメに作画したことがある。だが、安藤は自作の『オー・マイ・マザー』で、フィルムに一枚一枚写真を張り付けて廻し、不思議な映像を産み出した。安藤は実験映画『オー・マイ・マザー』の中で小暮実千代と男娼と男装の女の画像をアットランダムにフィルムに張り付けて高速度回転させ、浅田の言うフランシス・ベーコン風な画期的な画像をつくりだしている。

テーマは、作家である自分が母親を犯して再び母親の身体から生まれ変わり、また、母親を犯すという永遠のループである。フリーランするエレクトロンは、僕自身の精子だ。フリーランすることでループから抜け出るイメージを期待しても抜け出せない。これこそまさに寺山さんのモチーフである〝家出〟と〝母への思慕〟のイメージの影響と言うほかない。そこに、ビデオというメディアがフィルムという母なるメディアを犯していくイメージを重層的に表現したかったのである。

母親の象徴としての小暮実千代の写真、ドイツの有名なおかまの娼婦、髭をつけた男装の女の写真が元の素材である。タイトルバックは、ドイツの有名なおかまの娼婦の写真から始まる。パッと見は母親のなりをしているが正体は男のアップの目が刳り抜かれてゆく。このおかまこそ自分と母親の間に生まれた子であり、自分自身であり、ビデオメディアであるわけだが、目が刳り抜かれてゆくのは、ギリシャ神話のオイディプスの話から来ていて、「近親相姦したものの目は刳り抜かれなければならない」から由来している。タイトル終わりに髭をつけた女になるのは、僕の顔をした母親でも良いからである。そして、母親の象徴としての小暮美千代の写真がエレクトロフリーラン効果で動き出すわけである。

技術的には新しいが、まさに寺山さんの影響が色濃く現れている。ただ、日本で初めてというべきこの電子効果を応用した映像は、逆に、寺山さんの実験的短編映画『蝶服記』『影の映画』などに影響を与えているように思えて、少し嬉しい。（4）

安藤紘平は、寺山修司の映像から影響を受け、自作の実験映画『フェルメールの囁き』や『アインシュタインは黄昏の向こうからやってくる』（ハワイ国際映画祭 シルバー・アウォード他）の映像で、ベーコンの絵画をアクロバティックで魔術的な映像に捉え直して斬新な映像をつくりだした。また、寺山は安藤の『オー・マイ・マザー』の重層的な画像から影響を受けた実験映画作品『二頭女』を作っている。[12]

安藤が『フェルメールの囁き』に残した映像はグロテスクなイメージがあり、浅田が指摘したフランシス・ベーコンのデフォルメされた人物像を思い出させてくれる。殊に安藤の実験映画『フェルメールの囁き』でフェルメールの絵から連想した「恋文」を読む婦人の手から手紙が風に浚われて空中で鳩にデフォルメされていく場面は、浅田の著したベーコンの絵画論と類似性がある。

浅田の論点であるプルーストが描いた文章の絵画化には、音声が欠落している。プルーストの文章には絵画と音楽が混然一体化している。オディロン・ルドンの『目を閉じて』には絵の中に音にならない音楽が封印されているといわれる。武満はルドンの『目を閉じて』から絵の中で封印されていた音楽を引き出して作曲した『閉じた目』がある。

安藤が自作の実験映画『フェルメールの囁き』で、フェルメールの絵『青いターバンを巻いた少女』の静止画像を動画にし、しかもオランダから明治日本に舞台を移し、音声化したばかりでなく、〝エレクトロフリーラン効果〟を産み出した。安藤の実験映像の手法は３Ｄのなかった時代に、写真を一枚一枚フィルムに張り付けて、〝エレクトロフリーラン効果〟を産み出した。サイレントからトーキーを経て、３Ｄ画像に進化する有様を思い出させてくれた。

医者でナチュラリズム作家のアントン・チェーホフの後継者ともくされたハロルド・ピンターは、プルースト原作の『失われた時を求めて』を脚本にしてのこしている。ピンターは不条理劇作家と見做されているが、舞台の構成方法を見ると極めてナチュラリズム的な舞台作りをしている。チェーホフからピンターの時代に進化したのは幻視者の眼差しである。ピンターは『昔の日々』で「決して起こらなかったことだけれども、覚えていることがある」と言っている。

There are some things one remembers even though they never happened.[13)]

ピンターは『失われた時を求めて』を脚色しているが、ピンターはプルーストから幻視者の眼差しを収得したのかもしれない。

プルーストは医者の息子であったが、詩人でもあったので、ランボーが現した詩のように幻視者の眼差しがあったと思われる。

馬場は、現実に身体の局所（耳、咽、唇）の手術を担当した際、フランシス・ベーコンが作画をするときリアルに辿った同じ体験を、俳句にして昇華している。馬場は句集『断面』の中で次のように詠っている。

廊下冬日学の白衣に兎の血（天龍　昭和三三年）
解剖いま終りし煙草秋の暮（天龍　昭和三三年）
不治と診て辞す手袋をはめにけり（背後の扉　昭和三五年）

人間は血をもつ時計年歩む（途上　昭和三六年）
手術衣に血痕の群大暑来る（断面　昭和三七年）[14]

高橋が、《大阪一六八四年》で俳人芭蕉を描き、次いで、耳鼻咽喉科医であり、音楽や絵画に精通した馬場の独吟連句《苦艾》を作曲することに情熱を注いだ経緯は、浅田の《苦艾》批評から解読可能な手掛かりを掴むことができる。医学が専門の馬場駿吉と作曲家高橋悠治とのコラボレーションは、哲学者ドゥルーズと精神科医ガタリとの合作『アンチ・オイディプス』を連想させる。殊に、高橋は《大阪一六九四》を芭蕉の俳句にインスパイアーされて作曲した。ある意味で、馬場の独吟連句《苦艾》を高橋が作曲した音楽はドゥルーズ&ガタリを超えたところまで行き着いた現代音楽と言えるかもしれない。

ヤニス・クセナキスのシンセサイザーは西洋音楽を破壊してのけるだけのパワーがあった。クセナキスはシンセサイザーにとどまらず、かつて西洋音楽が排除したギリシァの民族音楽の復活への道を辿った。高橋も失われた日本の古代音楽の復権に力を注いだ。

高橋が作曲した《大阪一六八四年》や《苦艾》の音楽に物足りなさを感じた音楽関係者がいた。かつてクロード・アシル・ドビュッシーやエリック・サテイの音楽に西洋音楽の音階がなくて途惑った聴衆は、高橋の《大阪一六八四年》や《苦艾》を聞いた後のように、少なからず戸惑いを産み出したものだ。

プルーストは『失われた時を求めて』でヴァントゥイユのソナタに観衆が戸惑う場面を描いたが、時間がたつにつれ、ヴァントゥイユのソナタに新機軸を見いだしていく。高橋が作曲した《苦艾》を聴いた聴衆の心をあたかも突き放したような音楽は、偉大な作曲家の音楽が分かるのに時間と空間が必要であることを教えてくれる。

高橋の音楽が容易に聴衆に受け入れられないのは、高橋が孤高の音楽家であることをよく表わしている。だがこのことは高橋が西洋音楽を拒否しているからだけではない。高橋は作曲家であるがピアノの演奏家でもある。高橋は古典音楽のバッハの『インヴェンションとシンフォニア』、『イタリア協奏曲』や、ベートーヴェンの『ピアノ・ソナタ第31番作品一一〇』を演奏したうえで、現代音楽のメシアンの『カンテヨジャーヤ』、ストラヴィンスキーの『イ調のセレナード』まで弾きこなす。高橋は音楽にとどまらず『哲学をうたがう非詩』（二〇〇二）で哲学にも関心を示すハイブリッドな音楽家である。

5 まとめ

先に述べたように、高橋は孤高の音楽家クセナキスに師事した。クセナキスは、ナチスに対するレジスタンス運動によって死刑の宣告を受けた。顔面に傷を追い片目を失ったクセナキスは、以後政治による革命を断念して、音楽に転向し、西洋音楽を否定したシンセサイザーを使って作曲した。その後、クセナキスは西洋音楽によって駆逐されたギリシアの民族音楽に立ち帰って滅びかけた民族音楽を復活させていった。

高橋は、クセナキスの現代音楽革命の継承者である。やがて高橋は、クセナキスのように民族音楽に目を向けるようになった。

クセナキスの音楽をよく熟知するホセ・マセダは『ドローンとメロディー』の中でアジアの民族音楽に原典を求め古い民俗音楽のドローンを探求している。[15] ドローンは単調な音楽で、エリック・サテイの単調な音楽よりも遙かに単調な音のリズムによって構成されている。

高橋は東南アジアの音楽にも関心を懐き、同時に日本古代の時代に日本に移入されたが壊れていた楽器を復元し、古楽器に似た楽器を見つけて、更に古楽器によって演奏された譜面を探求して遂に復元した日本の古楽器を使って古代の音楽を復活させた。

馬場が考える俳句には、万葉の時代から和歌があり、芭蕉によって俳句が産み出された歴史的な経緯が込められている。馬場の俳句は古代から受け継がれた七五調のリズムに原点がある。
高橋は俳人芭蕉の連句を基にした《大阪一六九四年》の音楽を披露した。二〇一五年の《苦艾》は高橋が現代の俳人馬場駿吉の独吟連句に曲を付けた作品である。
現代音楽はアバンギャルドの原点にあるシンセサイザーを起点にして始まったが、高橋が創始者の水牛楽団は、東南アジアの民族音楽と連動した音楽運動で、西洋近代音楽に拮抗する古くて新しい音楽の原点を現す音楽運動を推進している。[16)]
音楽におけるポストモダンは西洋ではクセナキスのシンセサイザーに始まり東南アジア、オーストラリアの単調な音楽ドローンに呼応し、更に、韓国の詩人金芝河の民族独立運動を象徴する詩と民族音楽の真髄と共鳴したが、それらは高橋の水牛楽団の民族音楽運動と結びついている。[17)]
高橋が作曲した《苦艾》は、孤高な音楽家の作品であり、平和な国家で平穏無事に聴く音楽というよりも、南極の流氷、ヒマラヤの峰を渡る風、サハラ砂漠を吹きあれる砂塵を通り抜け、濾過した未知のリズムに満たされている。高橋は『水牛楽団のできるまで』で次のように記している。

林光がいうには（またしても林光だが、ほかのだれもいわないことだから、しかたがない）、ユージの昔の曲は、人をよせつかないところがある。（233）

高橋の《大阪一六八四》は芭蕉の辞世の句「旅に病んで夢は荒野を駆け巡る[18)]」からインスパイアーされた曲であった。馬場が作句した独吟連句《苦艾》では、「苦艾」とはチェルノブイリ原発に自生しているが放射能で汚染され猛毒がある。と同時に花の美の精髄を現した色彩を発揮する摩訶不思議な世界を現している。雷神に出会った生の人間の現代人は誰でも感電死してしまう。正に、高橋の作曲した《苦艾》は人を容易に寄せ付けない孤高な音楽なのである。

注

1）馬場駿吉『星形の言葉を求めて』（風媒社、二〇一〇）、53頁。
2）Xenakis, Iannis, *Music and Architecture*, Translated by Sharon Kanach (Pendragon Press, 2008), p. 118.
3）クセナキス、ヤニス『音楽と建築』高橋悠治訳（全音楽譜出版社、一九七六）、154―55頁。以下、同書からの引用は頁数のみ記す。
4）高橋悠治『ことばをもって音をたちきれ』（晶文社、一九七四）、110頁。
5）京都フィルハーモニー室内合奏団第一九八回定期公演パンフレット（二〇一五年四月十一日、京都コンサートホール小ホール）
6）高橋悠治『音楽の教え』（晶文社、一九九〇）、132―33頁参照。高橋悠治「解説」（『吉田秀和全集』田秀和全集）4白水社、）458―59頁参照。「見功者、聴き上手、選良、精神の貴族とは誰か？　これは十九世紀にディレッタントとよばれ、日本では通人とか粋人とかよばれた人たちのイメージに近い。十九世紀ヨーロッパでは、彼らは「貴族やサロンの名流や医者や弁護士や大学教授」（186頁）でもあったろう。（略）これは、プルーストが『失われた時を求めて』のなかでえがいた成り上がり者の美学である。」高橋悠治はプルーストが『失われた時を求めて』で描いたディレッタントの音楽批判を引用して、吉田秀和のクラシック音楽批評を批判している。高橋は、ヤニス・クセナスキの音楽だけでなくホセ・マセダの『ドローンとメロディー』の論評を通してアジア音楽の新機軸を解析して西洋音楽を批判している。
7）日高六郎、平井啓之『サルトルとの対話』（人文書院、一九八〇・八・十）、73―74頁参照。
8）〈参考〉高橋悠治作曲《大阪一六九四年》の批評
メンデルスゾーン「交響曲第二番～讃歌」

「旅に病んで夢は枯野をかけ廻る」。高橋の新曲はこの高名な発句を最後に置き、一六九四年秋に大阪で没する直前の芭蕉の詠んだ十四句にインスパイアーされた、十四楽章の管弦楽曲である。作曲家ご本人に拠ると、「楽譜にはテンポ・小節線・拍・強弱・フレージングは書かれていない。演奏者は聴き合いながら、自律的に音楽を作り、指揮者はその調整と進行を司る。従って、スコアとパート譜の区別は無く、全員が同じ楽譜を見て演奏する。芭蕉の連句衆の座のように、平等な創造の空間でありたい」と云う事になる。さすがは高橋悠治、まともな管弦楽曲を書く気なんて、さらさら無いのである。「オーケストラ奏者は普段、〝道具〟として指揮者に統率されるが、上下ではなく対等の関係で、自立した楽器の集まりとして考えたらどうか」とも高橋は述べて、全く何処まで本気なのか韜晦なのか、何だか良く分からん人である。

まず十四曲それぞれの冒頭で、指揮者が発句を朗読してから演奏を始める。沼尻が左手にマイクを持ち、例の鼻に掛かったような声で最初の句、「菊の香にくらがり登る節句かな」を読み上げると（なんか歌留多取りみたいだね）、トランペットとホルンの掛け合いで世界初演が始まる。この後の指揮者は奏者の遣り取りを見計らい、次の曲へ移る指示を出すだけ。まあ、高橋の作曲コンセプト自体は、例に拠って例の如くだが、それが実際の音となって会場に鳴り響けば、問題は我々聴衆が面白く聴けるかどうかの話になる。

あっさり言ってしまえば、「大阪一六九四年」は聴いていてちっとも面白くない曲だった。沼尻は本当に指揮はせず、左手にはマイクを握ったまま、右手で合図を出すだけ。弦楽奏者達、取り分けヴァイオリンとヴィオラのメンバーは、本当に恐る恐る手探りで曲を弾いているのが見て取れる。でも、その弦楽合奏の全く揃わず、てんでんバラバラなのは聴いていて結構面白く、つまり簡単に言ってしまえば、そんなオーケストラ団員達の途惑いながら弾く姿を、傍から見て楽しむ悪趣味な曲なのだ。如何にも人の悪い（誉めてます）、高橋悠治の思い付きそうな曲と思う。

旋律は何だか通り一遍な〝ゲンオン〟風で、アドリブで曲を進める奏者達には音の強弱を付ける事も、テンポを変える余裕もなく、音楽は一向に前へ進む様子がない。トランペットやクラリネット奏者辺りはジャズの経験もあるのか、弦楽奏者と比べれば心持ちだがアドリブに慣れている様子もあり、曲の冒頭のティンパニーを叩く打楽器奏者と共に、辛うじてフォルテの音量を出してくれた。でも、フルートの二人なんかは全くの迷走状態だし、ジャズとは何の縁も無さそうなホルンなんかも、見ていて気の毒な程だった。

（blog.goo.ne.jp/…/e/65ce4684f37c5245c5cc042c29e7）〈2015/08/25〉

大阪センチュリー交響楽団第一五一回定期演奏会―ｐａｒｍｉ ｌｅｓ ｊｏｕｒｓ

メンデルスゾーンの後、高橋悠治《大阪一六九四年》。芭蕉が一六九四年に大阪で客死する、そのときに詠んだ十四句から十四曲が得られる。各曲の前に、指揮者が「朗読」というふうにではなく、どちらかといえば、さりげなく、詠む。作曲者は、「ご当地ソング」と笑っていたものだが、スコアとパート譜の区別がない、全員がおなじ楽譜をみて演奏するもの。「オーケストラは古典的二管編成だが、弦は左に第一ヴァイオリン、チェロ、コントラバス、右に第二ヴァイオリンとヴィオラ。管の第一奏者は左、第二奏者は右に分かれる。」テンポも小節線も拍も強弱もフレージングもないから、奏者は、ひとの音を聴きながら、自分で弾き方を考えなくてはならない。「芭蕉の連句衆の座のように、平等な創造の空間でありたい。」それはまた、大阪センチュリー交響楽団の「困難な状況」を重ね、「生きるのも、音楽を続けるのも、いまこの場での実験の継続にかかっているだろう」というところにおいて、個々の演奏家に、ただ与えられた楽譜を演奏する、のではない、発音と音楽生成を託すわけだ。

管の左右のひびき方、弦の、そして管の高／低のひびき方、（そして、当然、左右の配置による、空間的な音響配置）ソロとしてあらわれてくる線のうつくしさ、「猪の床にも入るやきりぎりす」での、ざわざわっとした感触（個々の句と曲とのつながりが、こうしたところでは気になる）、各曲の終わりと次の曲との入りのつながり、最後の「旅に病んで夢は枯野をかけ廻る」での、グラン・カッサとウッドブロックのアタックと反響、などなど、聴きどころは満載。ぜんぶでほぼ三十分だから、各曲は２―３分というところだろうか。

短く、それでいて、つづいてゆくと堆積するのではない、ありよう。十九時に本番開演。《大阪一六九四年》のあいだじゅう、となりの女の子は束になったちらしをめくっていたので気が散ってしょうがない。とりあえずでも、ゲネプロで聴いておいてよかった。後半に、その子（と友人二人）は、もういなくなっている。何をしにきていたのだろう？会場には東京から来ていた人たちが何人も。もちろん、関西の人たちもいて。前半と後半、オーケストラも、聴衆も、空気のかんじがちがっていたところがおもしろい。メンデルスゾーン作品に加わるのは、ソプラノ＝浜田理恵、メゾ・ソプラノ＝寺谷千枝子、テノール＝永田峰雄、びわ湖ホール声楽アンサンブル、大阪センチュリー合唱団。指揮は沼尻竜典。

（plaza.rakuten.co.jp/numaj/diary/201005130000/〈2015/08/25〉

9）浅田彰『ヘルメスの音楽』（筑摩書房、一九八五）、１８０—１８２頁。以下、同書からの引用は頁数のみ記す。Proust, Marcel, *Le Coté De Guermantes*（*A la recherché du temps perdu*, II Gallimard nrf, 1954)Cf. ... je ne vois que cela qui puisse, autant que le baiser, faire surgir de ce que nous croyions une chose à aspect défini, les cent autres choses qu'elle est tout aussi bien,〈puisque chacune est relative à une perspective non moins légitime.〉Bref, de même qu'à Balbec, Albertine m'avait souvent paru différente, maintenant — comme si, en accélérant prodigieusement la rapidité des changements de perspective et des changements de coloration que nous offire une personne dans nos diverses rencontres avec elle, j'avais voulu les faire tenir toutes en quelques secondes pour recréer expérimentalement le phénomène qui diversifie l'individualité d'un être et tirer les unes des autres, comme d'un étui, toutes les possibilités qu'il enferme–dans ce court trajet de mes lèvres vers sa joue, c'est dix Albertines que je vis; cette seule jeune fille étant comme une déesse à plusieurs têtes, celle que j'avais vue en dernier, si je tentais de m'approcher d'elle, faisait place à une autre.（p. 365.)

10）*Ibid.*, D'abord au fur et à mesure que ma bouche commença à s'approcher des joues que mes regards lui avaient proposé d'embrasser, ceux-ci se déplacant virent des joues nouvelles; le cou, apercu de plus près et comme à la loupe, montra, dans ses gros grains , une robustesse qui modifia le caractere de la figure. (p. 364.)

11) 安藤紘平「映画と私と寺山修司〝最近、なぜか、寺山修司〟」(『寺山修司　海外ヴィジュアルアーツ』(文化書房博文社、二〇一一)、5頁。以下、同書からの引用は頁数のみを記す。

12) 寺山修司「二頭女一九七七　イメージ・ノート付」(『寺山修司イメージ図鑑』フィルムアート社、一九九九)、226—227頁。

13) Pinter, Harold, *Complete Works: Four* (Grove Press, 1981), pp. *27-28.*

14) 馬場駿吉第一句集『断面』(昭森社、昭和三十九年)、48頁、68頁、111頁、166頁、193頁。

15) マセダ、ホセ『ドローンとメロディー』高橋悠治訳(新宿書房、一九八九)、19頁。

16) 高橋悠治『水牛楽団のできるまで』(白水社、一九八一)、161頁。以下、同書からの引用は頁数のみを記す。

17) 富山妙子『アジアを抱く　画家人生　記憶と夢』(岩波書店、二〇〇九)、231—235頁。

18) 小宮豊隆、能勢朝次『新芭蕉講座　第六巻俳論篇』(三省堂、一九九五)53—55頁。

第七章　触覚　ブランク　建築論　馬場駿吉と荒川修作

清水　義和・清水　杏奴

1　はじめに

馬場駿吉は「荒川修作が話す内容が抽象的で分かりにくい」という。馬場が、『現代思想』（一九九六・八）で荒川と瀬戸内寂聴と一緒に対談したとき、「瀬戸内さんが荒川の言う話が分からなくて、（馬場が）荒川の言うことを瀬戸内さんに通訳した」と述べた。渡辺桃子はマドリン・ギンズ著"Helen Keller or Arakawa"(1994)の邦訳『ヘレン・ケラーまたは荒川修作』（二〇一〇）と格闘し翻訳したとき、文章の意味が分からなくて苦労したと解説で書いている。

馬場は、自分のことを「科学者なので、ロジカルで分かりやすく説明することができる」と語った。荒川の著書は哲学用語（ジャン＝フランソワ、リオタール、M・メルロ・ポンティ、ジャン＝ポール、サルトル、L・ヴィトゲンシュタイン、アンリ・ベルグソンからの引用）が多く抽象的で分かりづらい。ところが馬場の荒川論を読むとあり、抽象的な荒川の思想が平易に解かれていて驚く。

馬場が瀧口修造の著作を読むことをしきりと筆者たちに進めるので久しぶりに再読した。ところが、馬場からの瀧口の解読法を伝授されていたので、まるで、目から鱗が落ちたように、難解な瀧口の論文の意味がたちどころに分かったことを覚えている。同じような体験を、馬場の荒川論から読み取ることができる。荒川の哲学を解くキーワードは「ブランク」である。荒川と空海を結ぶコンセプトも「ブランク」である。本稿は、荒川の謎の言葉をパラドクス、矛盾、逆説の概念を駆使して解読する試みである。

2　馬場駿吉とハイブリット感覚

馬場は耳鼻咽喉科の専門医で、生涯解剖の手術に携わってきたから、荒川の『棺桶』シリーズに関心があったのは極自然であった。馬場は『現代思想』（一九九六・八）に執筆した『ユニヴァーサル・パークとしての「養老天命反転地」』で次のように書いている。

たまたま、平衡感覚、空間認識は私の専門とする耳鼻咽喉科学の分野でもあるので、この実験的な冒険に満ちた場には、ことさら様々な興味を沸き立たせてくれるものがある。[1)]

馬場は地球の重力が耳に及ぼす影響力の関係について耳鼻咽喉科の専門医として次のように述べる。

元来、地球重力空間でのこうした生理的機能は三つの抹消器官からの刺激が脳幹、小脳、大脳などの中枢で統合され、認識される。この三つの刺激の入り口とは内耳の前庭系、筋肉、腱などの深部知覚系である。このうちどこに異常が発生しても、一時的には身体の平衡調節や空間認識がおかしくなって、めまいやふらつきを感じ、さらに内臓へ異常刺激が伝わって、吐き気を催したりする。宇宙の無重力空間では内耳の耳石などにかかる刺激が混乱していわゆる宇宙酔いと呼ばれる同様な変化が現れやすい。一方、それからの刺激入力が過多になったり、左右の機能にアンバランスが生じるとやはり同様な症状が出現する。（310）

馬場は「養老天命反転地」の地面の傾斜加減と内耳の関係を分析して左記のように解説する。

「天命反転地」のすべてが様々に傾斜する中に立つ時、三つの経路は一気に溢れるほど刺激を伝達し、大震災直後の神戸の風景の中で感じられたのと同じめまい感が誘発されるのである。そして、そこから立ち直ろうとする反射が全身に及んで筋肉に様々な緊張を与え、再生への動きに転じるのだ。このように考えれば「養老天命反転地」は巨大な平衡機能検査室であり、実験場でもあるといえる。これは単に医学的な、一つの観点に過ぎない。芸術、哲学、宗教、その他の自然科学の切り口からみれば、なお多様な見方や意味が次々と発見されるだろう。（３１０）

馬場は、耳鼻咽喉科専門医であり、同時に美術・音楽の専門家で、かつ、俳人でもある。馬場が「養老天命反転地」に訪れたときに詠んだ句は以下のとおりである。

想念の降りる大地の雪明り
永遠を空に残して氷柱落つ（３０９）

馬場が評す荒川修作のアートに対する理解は、耳鼻咽喉科の専門医として、俳人として、コンテンポラリー・アートの目利きとして、ハイブリット的な感覚で荒川の複雑で且つ抽象的でパラドックスに満ちた哲学的アートを平易で分かりやすい文体で解読してしまう美の魔術師でもある。

3　荒川修作の〈ブランク〉と〈バックグラウンド〉

荒川修作はブランクとバックグラウンドのコンセプトと関連づけて、マルセル・デュシャンの「春」つまり「永遠のアフタヌーン」というイマージュから連想して、対談者の小林康夫（対談集『《対話集》幽霊の真理』）との話し合いを以下のように述べている。

荒川　そうすると、あなたが言った春…上に行為も何もついていない春は永遠なわけですね。誰だったかな…「永遠のアフタヌーン」…デュシャンは最後の作品で永遠のアフタヌーンをつくったなんて言ってるけど、それはいわゆる時をとめるんじゃなくて、時を永遠の昼間に変えちゃったということですね。[2)]

馬場駿吉は、先に触れたように荒川修作と空海を繋ぐコンセプトは「ブランク」だという。荒川修作と小林康夫と（対談集『《対話集》幽霊の真理』）の中で、荒川は「ブランク」について次のように述べている。

荒川　このあいだ、ジョン・サールという哲学者がぼくのブランクの考えに興味を持ったと言うんですよ。ぼくがブランクと言うところを、彼はバックグラウンドという言葉を使うわけです。前景、中身、後景（バックグラウンド）。この後景は絶対に前景に属さなくちゃいけない、…背中は必ず前に関係している…前がなかったら背中はない。(30)

マドリン・ギンズ著『ヘレン・ケラーまたは荒川修作』の中の「ポイント・ブランクにおける距離のテクスチャー」で「ブランク」について解説している。

My fingers split the sand on the sun-flooded beach. Hath not my naked body felt the water sing when the sea hath enveloped it with rippling music?
"It must come up as water at its source, if not, leave it blank."
"The many different varieties of blank.[3]"

マドリン・ギンズは、「ブランク」は至る所にあるという。しかも互いにつながっていると解説する。

I had been sitting quietly in the library for half an hour. I turned to my teacher and, said, "Such a strange thing has happened! I have been far away all this time, and I haven't left the room."（174）

更にマドリン・ギンズは「ポイント・ブランク」について刺激的な解読を試みて明示する。

"Well that is surely point blank, if anything is."
Point Black: distance of texture, How anonymous is this distance which is a texture?（175）

なおかつ、マドリン・ギンズは「魂」という言葉を使うときでさえも、「重力」の中心にあるという。

Even to use the word "soul" at all overloads a center of **gravity.**（175）

先にあげた空海の思考空間は、宇宙の広がりがあり、他に例を挙げると空海はレオナルド・ダ・ヴィンチのように思考のハイブリット的な多芸な能力があり、その意味で、マドリン・ギンズと荒川修作は多芸で宇宙的な空間を可能にする「ブランク」に満ちている。

4 パラドックス

前衛芸術家の荒川修作は哲学のコンセプトを言葉だけでなくてコンテンポラリー・アートを使って公園や建物にまで拡大して表現する。

荒川 私の使う言葉はコントラデイクションであり、パラドックスだということです。（97）

荒川は、ロジカルではない概念を切り捨ててしまい、無視するのではないのだが、むしろ反対にコントラデイクションやパラドックス自体に注目して見つめて解説する。

荒川 パラドクス、反語的なものということです。…それは、考えてみれば距離の作り方、…ポジションの作り方だから…（102—103）

荒川は、マルセル・デユシャンが普通の男性トイレの便器を水平に寝かせて『泉』と名付けコンセプチュアル・アートとして提示した。しかし当時誰も、その便器がアートだと気付く人はいなかった。デユシャンはレデイメイド（既製）の便器の概念を逆転させたのであった。

オスカー・ワイルドの『ドリアン・グレイの肖像』では、生の人間と肖像画が最後の一瞬に入れ替わり生の人間が若者から老人に変身し、肖像画が老人から若者になる。ロジカルな観点からみればこの逆転は矛盾（＝パラドックス）している。

寺山修司が描いた『裸の王さま』は見えないガウンを着衣している。子供が「王様は裸」と言い、その時初めて透明なガウンとはペテン師の巧みな話術によって大人たちが騙されたのだということが分かる。ところが寺山は「想像力の乏しい子供には透明なガウンが見えない」という。これもロジカルにみればこの逆転の逆転も矛盾（＝パラドックス）していることに変わりはない。

他に例を挙げると、ワイルドが「芸術は自然を模倣するのではなくて、自然が芸術を模倣している」といった『嘘の衰退』にはパラドックス（＝矛盾）がある。

寺山の『裸の王さま』で透明なガウンを作ったペテン師は、嘘つきで現実には透明なガウンが作れるはずがない。それなのに、寺山は目にみえないガウンを観客や読者に提示する。これは明らかに寺山の説明は矛盾している。

本間久雄は「モネがサンラザール駅を走る蒸気機関車の吐く蒸気をみて、人々は今迄気づかなかった蒸気を見るようになった」と語り「ワイルドのパラドックスが嘘偽りとは限らない」と語った。その意味からいえば、寺山の『裸の王さま』の透明なガウンはアニメーション映画がつくられてから後になって観ることができるようになった。

荒川は、言葉や設計図だけでなく、天命逆転のコンセプトを証明するために、「養老天命反転地」や「三鷹天命反転地」を実際に地上に作ってしまった。ヘレン・ケラーは目が見えないので荒川の「天命反転地」が見えるはずがないと思うかもしれない。しかし、荒川は「三鷹天命反転地」を訪れた人に実際目隠しをして、でこぼこで斜めの傾斜空間で、日常生活の健常者が懐く異常な不安と恐怖を感じさせた。

ドウニ・デイドロの『盲人書簡』では停電の中で、俄かめくらの健常者が慌てふためくよりも、盲人の方が、平常心を保ったと述べている。寺山修司は自作の演劇『盲人書簡』でパラドキシカルに「もっとよく見るためにもっと闇を」

と書いている。寺山は劇場を闇の空間にしたが、荒川は日常生活の場としての空間を未見の場として再構築したのである。

荒川は「ランディング・サイト」のコンセプトで「見ることも触ることもできない場（場所）」を提示する。

荒川　現象の構造は、いろいろなランディング・サイトで…見ることも触ることもできない場（場所）です。（111）

M・メルロ・ポンテイは『知覚の現象学』で、フッサールの「還元の問題性[4]」に触れ、パラドックスに言及している。言い換えれば、見ることも触ることもできない場（場所）とは、寺山の『裸の王さま』の透明なガウンであり、サンサザール駅の蒸気であり、ドリアン・グレイの肖像画でもある。

対談者の小林氏が西洋は論理的だが、荒川が主張する「ごちゃごちゃごみのような希望には到達できない」（112）と述べると、荒川は次のように反論する。

荒川　これは完全に、東洋の直観から生まれてくるもので、決して欧米の哲学からは出てこないと思う。（112）

小林は哲学者で、荒川はアーティストである。両者が考える思考の溝は深い。馬場駿吉の持論は、ハイブリット感覚で幾つかの科学の視点からみると溝にかける橋ができるという。馬場は、耳鼻咽喉科医で俳人でアートの目利きでもある。馬場は荒川のアートは耳鼻咽喉科医の観点からみると内耳の三半規管に異変が生じる。荒川の天命反転地は内耳の三半規管に異変を引き起こす装置である。このように考えれば、小林が指摘する、荒川が言う「ごちゃごちゃごみのような希望には到達できない」（112）という見方は哲学者の視点のみでとらえようとしているから両者の溝が埋まらないことが分かってくる。
荒川修作はマルセル・デュシャンが好きなのはアーティストだからであるが、文字にはペシミズムがあると反発している。

荒川　私はニューヨークでマルセル・デュシャンという芸術家と親しくなり、いろいろと教わりましたが、やはり、言葉ではどうしても、いや、表現を拒む、ペシミズムがありましたね。（264）

対談者の小林氏が「私は夏目漱石が好きだとは言いませんが」と断って、「言葉は人間のすみかだ」（150）という。荒川は「言葉と言語のちがいをはっきりさせないといけません」と言って以下のように反論する。

荒川　「言葉は人間のすみかだ」というすみかではなく、その言葉を使って言語のない世界へ行きたいものですね。」（151）

荒川は、言葉に対する疑問を小林氏にぶっつけ、ロジカルな言葉を「声の発声」に置き換えて次のように言う。

荒川　だいたい人間が最後にはく言葉のようですね。そうすると、自分でもわからない声を使ったりすると、そのなかには、大変なことが入っている。（152）

シェイクスピアのコンセプトは言葉だけではわからない。シェイクスピアが活躍したエリザベス朝では、弱強のリズムで、息を吐きながらその短い間に考える。モダンイングリッシュは強弱のリズムで直ぐ息を吐いてしまうので、その間に考える余裕がない。荒川の言う最後の息は肺活量の大きい人が長い息の終わりに吐く言葉のことだ。シェイクスピアの『十二夜』では第一幕第三場でヴァイオラが最後の言う台詞が最も強い。しかし、荒川がここで言っている「人間が最後にはく言葉」とは違った意味がある。むしろハムレットの話す独白の最後の音に近いかもしれない。

To be or not to be, — that is the question (*Hamlet* Act 3 Scene 1)[5)]

ソネット形式は5音5音からなるが、that is the question (…) の後の一音 (…) が消え欠ける。この一音だけの無音は観客に大きな不安を呼び起こす無音だと言われる。

馬場は、数学者が「数字1と数字2の間を埋める数字は何か」と問うた解けない問題に深くこだわっている。荒川修作は「ナンバーレス」の世界にいるという。(289)

小林は「2というのは、1、2、3、4の2ではない、2と他の数は全然違うんです」(289) と述べている。

荒川　時間が「時」の「間」に、そのあいだにあるというのは当たり前です。(21)

画家フランシス・ベーコンが描いた絵で、こちら側の部屋からあちら側の部屋に行きかけて挟まれた状態を描いている。寺山修司は「生が終われば、死も終わる」と言っている。だが、荒川にしてもベーコンにしても、こちら側の世界〔1〕からあちら側の世界〔2〕に行くのに数えきれなくて細分できない間を想定している。

5　レオナルド・ダ・ヴィンチ

馬場駿吉は、耳鼻咽喉科医として、レオナルド・ダ・ヴィンチが解剖を行った近代科学者の祖として敬意を懐き、身体の微細構造と加納光於の作品に出現するイメージとの類似性に気付いて、新たなコンテンポラリー・アーツを見つけた。また、馬場は荒川修作の宿命反転の建築物から身体とその内臓や血管と関係づけて医学的に解読している。

荒川　レオナルド・ダ・ヴィンチは、…真の意味で線や面を置く「場」や「場所」がキャンバスにないことを知っていた。そして、与えられた自然現象を研究し、人体の解剖まではじめますが、彼が探し求めていた「生命」はみつからず、六十歳をすぎて、いよいよその構築を始めた。(253)

レオナルド・ダ・ヴィンチが、キャンバスではなく身体に拘ったのは、「生命」を探求したかったからであり、荒川自身が主著《意味のメカニズム》でその実体を解読するためだったという。

荒川　「生命」についてはいまだ、私たちは何も知りませんからね。…質量を明確に測れる水から質量の測れないエナジーをつくり、その使用の仕方で、「レオナルド」という「生」を、その「場所」に託そうとしたようです。…やっと、私たちの《意味のメカニズム》が、彼の後を追い始めたようです。(256―257)

荒川は、レオナルド・ダ・ヴィンチが追い求めた生命体を、四百年後の今日、自ら、その《意味のメカニズム》を構築しようとする。氏は、アルチュール・ランボーが言葉の外に生命体である《意味のメカニズム》を構築しようとして、詩を捨てて世界に向けて旅立つという。

荒川　アルチュール・ランボーだってしている。十五、六歳で海を眺め、球根をつかみ「今だ、僕が永遠の旅に出るのは」と言って、自分が書いたものを全部持って散っていく。そういうことを知った奴は、何を言われても、言葉にグッバイという。（287）

寺山修司は十八歳で俳句を止め、映画や芝居に傾斜する。寺山はランボーとの空想対談を行っている。寺山は俳句で母のことを歌っているが、映画『草迷宮』や演劇『身毒丸』では、母の胎内（死の世界）にいたときに聞いた子守唄を歌う幻の母を執拗に求める。明やしんとくは胎内で聞いた子守歌を歌う母は死んだと思っている。明やしんとくはこの世に生まれ出るときに最後に聞いた子守歌に生をうけた誕生時の最初から最後までこだわり続ける。寺山は荒川の言う建築的身体を演劇の世界で構築しようとした。その意味で、寺山はアントナン・アルトーの演劇と似ている。二人は死者の声に憑依しようとしている。いっぽう、ランボーは詩から未見の建築を構築しようとしたと荒川はいっている。

荒川　ランボーはアフリカから妹に書いた手紙（約七十通ぐらい）で街を建設するための本をパリから送らせているんですよ。彼も、アフリカに街をつくろうとした。有機体を延長させることを、ある一定の場をつくってコントロールすればできるかもしれないと考え、その実現に向かったのです。（略）有機体をいかに使うかで詩が生きたり死んだりするということを身をもって証明した。あのような人を真の詩人というのでしょうね。彼は紙の上に言葉を並べる詩人ではなく、詩を制作、いや建築する場を発明、発見したのです。（288）

荒川はランボーを通して、自身のコンテンポラリー・アートである建築を明らかにしようとする。

6　アントナン・アルトーと宮沢賢治—ドゥーヴルとゲシュタルト

荒川が《意味のメカニズム》のコンセプトを説明する際、意味論の中に身体の行為を入れようとした。それは、いわば身体の行為の幽霊化であり、人間が家、村、町、都市を構築しながら、そこに住むことによって、人間の行為とともに生まれてくる現象を、〈お化け〉と称した。荒川の《意味のメカニズム》のコンセプトにドゥーヴルを見つけることは容易ではない。聞き手の小林氏は、荒川の言う「ドゥーヴル」は、アルトーが『演劇とその分身』でドゥーヴル（＝ダブル）を表していると指摘した。

Et la matière sur laquelle il travaille, les thèmes qu'il fait palpiter ne sont pas de lui mais des dieux. Ils viennent, semble-t-il, des jonction primitives de la Nature qu'un Esprit double a favorisées.[6)]

アルトーはドゥーヴルを専ら演劇の説明に使っているが、荒川は、ドゥーヴルを人間が家、村、町、都市を構築しながら、そこに住むことによって、人間の行為とともに生まれてくる現象（＝幽霊）と言っている。荒川がそれを表したのが「養老天命反転地」や「三鷹天命反転住宅」で、そこでは、養老の土地や三鷹の住宅がいわば人間の身体のそれぞれの器官やそこを自由自在に流れる血液による生命現象を表している。その関係は、人間の身体とそこから生まれてくる家、村、町、都市を構築しながら、そこに人間が住むことによって生み出す生命現象（＝分身、幽霊）である。原理的に荒川の生命現象はアルトーのドゥーヴル（＝分身）と似ているが、アルトーの場合は演劇と関係があり、荒川の場合は村や家の建築物を表しているところの（＝場）が異なる。

或いは、宮沢賢治の『春と修羅』の詩、「わたくしといふ現象は、仮定された有機交流電燈のひとつの青い照明です。

（あらゆる透明な幽霊の複合体）」つまり「お化け」（184）である。

荒川　宮沢賢治が言ったように、「わたしは一つの現象である」んだよ。…そのための町を建設しよう、住むことによって現象や出来事が起こりやすい町を。（181）

荒川は、アルトーのドゥーヴル（＝分身）を想起させながらも、その現象はゾンビやゴーレムと幾分似ているようで、全く異なっている。カレル・チャペルはゴーレムを連想させるような「ロボット」を劇化した。だが少なくとも、チャペルのロボットは映画『スター・ウオーズ』のロボットとは異なると語る。

建設的身体といった幽霊のひとつの名前を付けた。（194）

荒川は、アルトーのドゥーヴルを想定しながらも、むしろ宮沢賢治の「私といふ現象」を創り出そうとした。

7　ヘレン・ケラー

マドリン・ギンズは『ヘレン・ケラーまたは荒川修作』のなかで健常者はヘレン・ケラーがアン・サリバンの尽力によって言語を習得するところを専ら見つめるせいで、既にヘレンが耳や目の障害者になる前に言語を習得していたから言語能力を回復し得たのだという事実に気がつかないという。荒川によると健常者はヘレンが持っているが見逃している特殊な能力のことを「ブランク」であるという。

荒川　盲人や聾唖の人たちのエンゲージメントがどのように行われているのかを考えることによって、ぼくたちの忘れ去ったエンゲージメントを記すことができる、それでぼくは少し盲人や聾唖の人の認識について、とくにヘレン・ケラーについて勉強しています。(16)

『ヘレン・ケラーまたは荒川修作』のなかで、マドリン・ギンズはヘレン・ケラーの特殊な能力「ブランク」に注目する。

Line can be used as a means to draw vision both right in towards itself away from it.
"I'm reminded of your signature, Helen."
"The wind of my perceiving (it's yours!)-why it's passing both in front of and behind your name as you've written it — the lines are that sharp as to stand out from the surface they mark." (132)

マドリン・ギンズは盲人が音の感覚だけでなく、厚みの感覚についてもその繊細さを強調しているが、デュシャンの感覚を例外としてみている。

Marcel Duchamp does speak of an "extra-thin." (190)

マルセル・デュシャンは特殊な能力があり、盲人のヘレン・ケラーが持っていた特殊な能力「ブランク」を所有していたのであり極めて例外的で稀有なアーティストだと荒川はいう。

シェイクスピアは『リア王』でグロスターと息子のエドガーの関係を、ヘレン・ケラーとアン・サリバンの関係のように見ているにすぎない。つまりグロスターもヘレンも身体障碍者なので言語聴覚士としての治療を息子のエドガーやアン・サリバンには必要だと見なしているようなのである。その結果ヘレンの超能力である「ブランク」をシェイクスピアはリア王の中のグロスターに見ようとしていないのである。

8　ベルグソン

荒川修作はアンリ・ベルグソンの「純粋持続」について関心を懐いていたようだ。というのは、荒川にとって「持続」は身体とかかわるからだという。

荒川　ベルクソンなんかがうまく言っているように、〈持続〉それ自身が場を作ったり、けしたりしていくわけですからね。それからみると、死という問題は、〈私〉がある場所から遠のくとか、消えるとか…それを見届けるためのいちばん良い道具が、この身体なんです（238）

荒川は、〈持続〉は死を意味し、それを見届けるところは「身体」という「場」であるという。

9　空海

湯川秀樹は「弘法大師」のなかで、空海は「ダヴィンチ型[7)]」で「極端に多芸型の人」（14）であるという。続いて湯川は空海について「宇宙的生命を自分のところへいっぺん凝縮して、それをワッと表現する」とか「宇宙的生命の自己表現」（18）とか「その秘密を知らなければあかん。全宇宙的生命というものがそこに開けてくる」（21）等と論じている。

湯川　大日如来というものは宇宙神であって、宇宙の生命力や知恵が一身に結集しているのですが、自分を大日如来に帰一させようと思うわけです。…自分を宇宙の大生命と同一化するということがあるわけですね。それは仏でもあるから、即身成仏ということにもなるのでしょう。（42）

科学者の湯川が空海について以下のように述べる時、湯川にとり、科学と観念連合とがアンヴィヴァレントな関係で結びついた稀有な瞬間であった。

湯川　弘法大師という人は、自分は自然にかえっていくと思ったでしょうが、それは同時に永遠の実在世界のなかでいきつづけることでもあったのじゃないか。単に空、無になってしまうというのではなかったのではないか。だから後世、彼は五十六億七千万年後の弥勒の世まで生き続けるという伝説ができたのは、全く根拠のないことではないように思われますね。（56）

空海は「即身成仏」を掲げ、永遠の実在を掲げて、人間がペシミスティックに考える傾向を否定した。『幽霊の真理』で荒川は肯定的な人間の歴史が必要だと言っている。

荒川　人間の歴史ではあまりにもペシミスティックな共同体しか生まれなかった。（２７０）

このような荒川のペシミスティックな言説からは荒川の不死のコンセプトとは一見すると相反する発想のようにもみ

える。

10　まとめ

馬場駿吉が、『加納光於とともに』（二〇一五）を上梓した後に、馬場から『意味の彼方へ―荒川修作に寄り添って』（二〇一七）を纏めたと伺った。馬場は荒川の初期のオブジェである『棺桶』シリーズに関心を懐き続けていた。マドリン・ギンズが著した『ヘレン・ケラーあるいはアラカワ』、荒川修作とマドリン・ギンズの共著『死ぬのは法律違反です』、『建築する身体』などから、荒川が懐いた不死に対する強固で確信に満ちた、強い肯定的な主張を読み取ることが出来る。だが、荒川の初期のオジュジェである『棺桶』シリーズを念頭において、後の荒川のコンテンポラリー・アートである生命現象についてのコンセプトを合わせて比較してみると、はじめて荒川の死に対する畏怖の念を読み取ることも可能になる。その畏怖の念こそ、実は荒川の「ブランク」のコンセプトを模っているのは「ブラックホール」ではないかというパラドキシカルではあるけれども、リビッドな生命力が脈々と波打って伝わってくるのである。

注

1）馬場駿吉「ユニヴァーサル・パークとしての「養老天命反転地」（『現代思想』Ｖｏｌ．24―10、一九九六・八）、３１０頁。以下同書からの引用は頁数のみ記す。
2）荒川修作『《対話集》幽霊の真理』（水声社、二〇一五）、21頁。同書からの引用は以後頁数のみ記す。
3）Madeline Gins, *Helen Keller or Arakawa* (Burning Books, 1994), p. 174.
4）Merleau-Ponty, Maurice, *Phénoménologie de la perception* (Gallimard, 1945), p. v. 同書からの引用は以後頁数のみ記す。

5) *The Complete Works of William Shakespeare* (Spring Books, 1972), p. 960.

6) Artaud, Antonin, *Oeuvres Completes Tome IV Le theatre et son double Le Theatre de Seraphin-Les Cenci* (nrf Gallimard, 1964), p.72. Artaud, Antonin, *Le theatre et son double* (Gallimard, 1964) Artaud, Antonin, *The Theatre and its Double* (Calder, 1993), p.42. Cf. Artaud, Antonin, *Oeuvres Completes Tome V* Autour du Theatre et son double (nrf Gallimard, 1964)

7) 湯川秀樹「弘法大師」(『天才の世界』小学館、一九八四)、14頁。同書からの引用は以後ページ数のみ記す。

あとがき

本書『行動する多面体—馬場駿吉の輪郭をたどって』は、馬場駿吉の芸術論を纏めたものである。馬場は、名古屋市立大学名誉教授で、専門は、耳鼻咽喉科学である。馬場によれば医師で俳人であった父親の影響で、長い八十余年にわたり耳鼻咽喉科の医学と俳句を極めたという。

馬場が、俳人として最初に影響を受けたのは、第一句集『断面』の装幀や特装本にオリジナル銅版画を制作した銅版画家の駒井哲郎である。次いで氏は瀧口修造に会い、やがて作曲家の武満徹や画家の加納光於と知己を得た。

馬場は、武満徹や加納光於のアートを専門の耳鼻咽喉科医としての論理で批評した。馬場は、五感に影響を与えるアートに刺激を受けて、次々と学術論文を纏めその数は八百本以上になる。

本著では馬場のライフワークとしてまとめたのが言うなれば「身体の芸術」論である。

本書は、耳鼻咽喉科医の馬場にしか分析できない前衛アート論を纏めた。その源流にあるのはレオナルド・ダ・ヴィンチである。

馬場駿吉にとり、レオナルド・ダ・ヴィンチこそ医学とアートを結びつけたハイブリットなルネッサンス人であり、そして馬場は、医学とアートを結びつけた二十一世紀のハイブリッドなルネッサンス人である。

本書は、馬場駿吉が発表した著書、講演に基づいて馬場自身に教えをこい、清水義和、赤塚麻里と清水杏奴が纏めた。

内容に重複する記述が多いのは、各章の担当者が時点を異にしている為であることをお断りします。

著者紹介

赤塚　麻里（Akatsuka Mari）

高知大学修士課程（英語教育学）修了。

在学中、英国ロンドン大学にて英語音声学の夏季研修に参加。

名古屋外国語大学博士後期課程（英語学・英語教育）修了。日本英語音声学会奨励賞を受賞。

現在、各大学で音声学（英語・日本語）の授業を担当。

音声研究の他、学校教育での英語活動や教員研修にも取り組んでいる。

清水　杏奴（SHIMIZU Annu）

椙山女学園大学国際コミュニケーション学部卒業。早稲田大学国際情報通信研究科博士前期課程修了。

株式会社サンライズ。名古屋学芸大学メディア造形学部映像メディア学科専任助手就任。

修士学位論文（早稲田大学）

「寺山修司における映画構造と前衛性とメインカルチャーとしての新しい映画表現への収斂と影響」

寺山修司研究　第３号「寺山修司の『さらば映画よ』とコックの『カサブランカ』の映画技法」Asia Digtal Art And Design Association（延世大学）「The Emerging of Seiyu:Concerning the Relationship between Character Creation and Voice Actor in Japanese Animation」Asia Digtal Art And Design Association「RUNNING GIRL」Exground das filmfest「RUNNING GIRL」

国際寺山修司学会会員

清水　義和（SHIMIZU Yoshikazu）

愛知学院大学教養部教授、客員教授（2017）。国際寺山修司学会会長。
日本英語音声学会副会長。韓国音声学会終身会員。
名古屋演劇ペンクラブ会員。1988年日本英語音声学会賞受賞。
1998年韓国音声学会奨励賞受賞。公益信託キャンドル演劇奨励基金運営委員。
『ショー・シェークスピア・ワイルド移入史 逍遥と抱月の弟子たち 市川又彦・坪内士行・本間久雄の研究方法』文化書房博文社 1999
『バーナード・ショー世界と舞台 イプセンからブレヒトまで』文化書房博文社 2000
『ファンタジーの世界 バーナード・ショー ワーグナーからサルトルまで』文化書房博文社 2001
『ドラマの世界バーナード・ショー シェークスピアからワーグナーまで』文化書房博文社 2002
『ドラマの誕生バーナード・ショー』文化書房博文社 2003
『演劇の現在 シェイクスピアと河竹黙阿弥』文化書房博文社 2004
『劇場の現在 シェイクスピアとショー』文化書房博文社 2005
『寺山修司の劇的卓越』人間社 2006
『寺山修司海外フィルムドラマ』文化書房博文社 2007
『寺山修司欧米キネマテアトル』文化書房博文社 2008
『寺山修司海外公演』文化書房博文社 2009
『寺山修司海外キネマテアトロ』文化書房博文社 2010
『寺山修司海外ヴィジュアルアーツ』編 文化書房博文社 2011
『寺山修司グローヴァル・モダンアーツ = TERAYAMA SHUJI Global Modern Arts』編 文化書房博文社 2012
『寺山修司カレイドスコープの新世界』編著 文化書房博文社 2013

行動する多面体

馬場俊吉の輪郭をたどって

２０１７年４月10日●初版発行

著者●清水義和・赤塚麻里・清水杏奴

発行者●鈴木康一
発行所●株式会社 文化書房博文社
〒１１２―００１５
東京都文京区目白台１―９―９
電話０３（３９４７）２０３４
振替００１８０―９―８６９５５
URL: http://user.net-web.ne.jp/bunka/
印刷／モリモト印刷

ISBN978-4-8301-1292-8 C3074

表紙デザイン・天野 天街